JN069614

発達が気になる子の子育てモヤモヤ解消ヒントブック

生活の基礎づくり編

NPO法人 全国LD親の会 編著
安住ゆう子 監修

かもがわ出版

子育てに悩んだ時、開いてみてください

書店には、あらゆる育児書が並び、ネットで検索すれば、たくさんの子育て情報にアクセスできる今、情報はあふれているのに、目の前で泣き止まないわが子への対応がわからない……。

食事・着替え・コミュニケーションなど、日々繰り返されて積み上げることが、同年齢の子のようにできないことがありました。そんな時、無力感ばかりがふくらみ、不安に押しつぶされそうでした。

例えば、こんなことがありました。わが家では、食事の前に何らかの配膳を手伝うルールにしていましたが、なかなか習慣化せず業を煮やした私は「お箸を出さないなら、夕食はなし！部屋に入っていなさい」と思わず怒鳴ってしまいました……。しばらくして長女が様子を見に行くと「お母さんは、ぼくにご飯をくれないんだ！」と言って息子は泣きじゃくっていたそうです。私の伝えたいことは何一つ伝わっていなかった……がく然とした瞬間、この先もこの子とはコミュニケーションが取れないのではないか……と、私も涙がポロポロこぼれました。

“子育て”が見えなくなり、迷路に迷い込んだ時も子育ては待ったなし、それでも手探りで親は前進します！

そんな時、誰かの子育ての工夫やエピソードを、ほんの少し自分の子育てに取り入れてみたら、次への希望になったことがありました。そんな経

験から今回、全国の親の会会員から生活の基礎となる子育てエピソードを集め、まとめることにしました。
　こうすれば良かったといった反省も含めて参考になりそうなこと、さらに少しよくばって「こんなことにも気をつけるとよいかもね」といったこと、多くの先生方の講演や研修会からの学びやアドバイスなど、私たちの子育ての指標となったことも加えてみました。

　子育てに悩んで、工夫を探し求めても、「自分にはできない!!」とますます落ち込むこともたくさんありましたが、ひとりでは難しいことも親の会で仲間と話したり、子育て仲間と工夫したことを共有したり、考えたりすることが支えとなり、気持ちが楽になったこともありました。

　子育ては100人いれば100通り、すべてに効く万能薬なんてないけれど、誰かの体験があなたに重なって、次への希望につながればと思い、仲間の声を届けます。
　親の会で集めたエピソードが「あなたによる、わが子のための、親子のありかた」のヒントになり、さらに明るい未来に向かう子育ての一助になれば幸いです。

　2021年７月

もくじ

解説

この本は、子育てがなかなかうまくいかないなと感じた時、その背景を「発達特性」という視点でとらえ、特性に合わせたかかわり方のヒントを提案しています。実際に悩みながら子育てをしてきたお母さん、お父さんのこうしてみた！こうすればよかった！がたくさん盛り込まれています。

ここでいう「発達特性」をもつ子とは、ADHDやASD、LDなどの発達障害の診断をもつ子だけに限らず、脳の情報処理の仕方がユニークなために、多数派の身につけ方や学び方がなじまない子どもたちも含めています。

「生活の基礎づくり編」の中で、特に知っておきたい発達特性とそれに対する基本的なかかわりを以下に挙げます。

感覚の特異性

私たちが安心して生活するには、重力や揺れや傾きに負けないからだの感覚、ものに対しての力の加減を知る感覚、必要なものに注目して見る感覚、必要な情報を選んで正しく聞く感覚、ものの特徴を知り安全のためににおいを嗅ぎ分ける感覚、快不快を感じられる触る感覚、味覚など、さまざまな感覚を過度な負担なく受け入れて過ごすことが大切です。

しかしこの感じ方には個人差があり、一般的にさほど気にならないことでも、とても強く感じます。例えば給食室の調理中のにおいをすごくくさいと感じたり（臭覚の過敏さ）、ゴワゴワの人工芝を裸足で思い切り踏むことを心地よく感じる（触覚の鈍感さ）子もいます。これらを「感覚の特異性」と呼びます。その他にも暑い（熱い）寒い（冷たい）といった感覚や眩しい感覚、痛みの感覚などに特異性をもつこともあります。特異性があると日常生活の動作で感じる感覚がとても刺激的だったり、反対に刺激が少なく物足りなく感じます。

これらの感じすぎや感じなさは食事、着替え、洗面や入浴などの身の回りのことが身につきにくいことの一因としても考えられます。このような様子が見られた時に「我慢しなさい」と強行することは厳禁です。恐い体験になってそれを避けるようになります。不快を感じない、または快を満たしてあげられる用具や、やり方（代替案）の工夫、ハードルをできるだけ低くしてほんの少しずつのチャレンジ（スモールステップ）、今すぐしなくてもいいことならそれを避ける（回避）などの工夫をしたいものです。感覚の特異性のある子は通常の生活をしているだけで疲れやすいことを周囲がわかっておくことも大切です。

からだの強い動きやしなやかな動きが苦手

食事を座って食べる、立ったまま着替える、お椀をもち、スプーンですくう、靴ひもを結ぶなどができるには、自分で自分のからだを支えられること（体幹の保持）や手先がスムーズに動かせること（手先の巧緻性）、同時に複数の動きができることが必要です。シャツに腕を通すには、どのように手を動かせばいいのかなどは自分の全身像や動きのイメージ（ボディイメージ）が育っていることが必要です。スムーズに着替えができていない、食べこぼしが多いといくら叱ってもこれらが育っていなければうまくできません。

毎日のことなので、感覚の特異性と同じように代替案でチャレンジすること、はじめの何回かは自分でやってみて後は手伝ってあげる（後方支援）、またはとっかかりは手伝って最後は一人でできた！で終われるようにする（前方支援）などの工夫で負担なく取り組みたいものです。また、生活場面とは別に、遊びやお手伝い、療育機関などでからだを楽しく使う経験をもつことも大事でしょう。

イメージをもつことの苦手さ

日々の生活は比較的同じことの繰り返しが多いものですが、何事もはじめてのことはあります。先のことをイメージすることが苦手だと何がはじまるのだろうか、いつ終わるのだろうか、答えや可能性が複数あるとしたら何に向かっていったらいいのだろうかなどと不安が高まり、嫌がったり怒り出したりするかもしれません。時間やお金の感覚もつかみにくいものです。イメージしやすいように予定表を用意する、やり方を示す、見に行ってみる、小さな実体験を重ねる、ルールを決めておくといった見える化や事前準備をして不安の軽減を心がけましょう。

社会性の獲得の弱さ

発達特性のある子どもは「汚れたら着替えることがピンとこない」「相手のほうを見て話せない」「相手に伝わるように話せない」など社会性やコミュニケーションが気になることも多いと思われます。背景として、本人が困らない、それが必要だとは知らなかった、やり方がわからない、自信がないなどが考えられます。なぜできていないかを考え、背景にあった方法の積み重ねが望まれます。

興味の偏りや続けることの難しさ

親や周囲が身につけてほしいと思っていても子ども自身がやりたくないことはやりたくない、やりたいことはやめられない、変える必要性を感じていない、長く続けることや定着が難しい場合は、さらに工夫が必要です。そのような時には、本文の中にも多く取り上げられていますが、その子自身の成功体験、褒め認められる経験、興味や関心にからめた取り組みなどが大切です。理屈やルールとして説明すると納得してくれる子もいます。

また、本文のエピソードにもありましたが、「ねばならぬ」にこだわりすぎず、ときにはおとなのほうが発想の転換をして、親子ともに無理なく続けられる方法を身につけることが一番だと思います。

安住ゆう子

第1章

食べること

子どもは、母乳やミルクを飲むことから離乳食へと進み、食べ物に興味を示して、手づかみで食べるようになっていきます。生活の中ではじめて身につける動作が「食事」です。

食事は毎日のことなので、その時間がトラブル続きだと親は大きなストレスを抱えてしまいます。子どもに「全部食べなさい」「早く食べなさい」「座って食べなさい」と、あれこれ叱ってしまうことが多くなります。

でも、食事は楽しく食べることが一番です。「食べること」についての悩みは「楽しく食べる工夫をすること」で多くが解決します。

食事はからだにバランスよく栄養を取り入れることが目的ですが、「楽しく食事をする」「姿勢を保って食事をする」ことは、社会性を身につけ、集団生活を過ごす基本にもなります。

1-1 食べこぼしが多い

もやもやエピソード

離乳食が始まってから、食事の時間は戦争のよう！　よくこぼす、コップを倒す、服は汚れる、手や口の周りは食べ物でグチャグチャで、もう大変です。自分でスプーンを使い始めても、運ぶ位置がほおだったり、口まで運べても食べ物が落ちてしまったり……。汚さないで食べてほしいけれど、細かい注意ばかりしたくない。身の回りをきれいに整えられるように、本人に合った方法が見つかるといいな。

ここかな 1 「飲み込む」ことが苦手

- 生後間もない頃、「母乳がうまく飲めていない」といわれ、母乳の飲み方にも上手下手があると知りました。幼児期になっても、食べ物をよく噛まないで飲み込んでむせたり、水を飲み込めず口から吹き出したり、「飲み込む」ことが苦手でした。「飲む」練習はまずストローからだと思い、ストローがついたマグを使っていましたが、育児教室で「ストローはコップでゴックンができてから」と教わりました。コップを傾けると水が少量だけ口をつける部分に出てくるマグに切り替えました。

学んだこと！　飲み込むことがうまくできず、食べ物の味を楽しむどころではなかったわが子でしたが、子どもが飲みやすい容器（道具）などを工夫することで大変さが減り、少しずつ食事がスムーズになりました。

ここかな 2 汚れても気にならない

- 「口の周りに、ごはんがついてるよ」といっても、まったく違う場所を触れるだけなので、ついている場所を指で触れて教えるようにしました。食後に鏡を見て口の周りを自分で拭くことで、汚れていることに気がつくようになってきました。
- 食事の時に口の周りを拭くため、好きなキャラクターのタオルを用意しましたが、食事中にキャラクターが気になってしまい逆効果でした。ごく普通のハンドタオルで十分でした。

伝えたいこと！ 小さい時の食べこぼしは、あまり気になりませんが、小学校の高学年になってボロボロこぼしていると、周りから嫌がられます。小さい頃から習慣化することが大切だと感じています。

ここかな 3 お皿の周りに目がいかない

- お皿の手前にスプーンが置いてあるのに「ない、ない」と探します。視野の中央しか目がいかない感じです。「ここにあるよ」と教えると「ホントだ」というので、注意すれば目に入るようでした。コップはお皿の向こうと定位置を決めて、置く時に「ここに、お茶のコップを置きます」と伝えるようにしました。

学んだこと！ 食べている時、子どもは食べ物が盛られているお皿しか見ていないので、お皿の周りに置いてあるコップなどを倒してしまいがちです。あらかじめ食器の位置を伝えたり、ランチョンマットに置く場所を決めたりすると、子どもも気がつきやすいと思いました。

ここかな 4 自分のからだの動くイメージがつかめない

- からだの動かし方がぎこちない息子。特に食事の時間は大変で、テーブルの上も下も食べ物が散らばっていました。コップがうまくもてずにこぼしてしまい、それが水ではなく、みそ汁やスープだと拭くのが大変でした。お皿を押さえる力加減をうまく調整できず、よくひっくり返しました。とりあえずの対処法は、器に入れる量を少なくしました。ワンプレートの大きめのお皿は安定感があり、子どもも押さえやすかったのか、ひっくり返すことが減ったと思います。

学んだこと！ 食べるためには、たくさんの身体感覚を使うんだと知ってビックリしました。皿の上の食べ物までどのくらい手を伸ばすのか、食べようとしているものは、どれくらいの力でつかめるのか、子どもの食事の様子をよく観察してみると具体的な苦手部分がわかってきます。ただ叱るのではなく「こうして押さえてごらん」と話しかけてやってみせるようにしました。

1-2 スプーンや箸がうまく使えない

もやもやエピソード

小さい頃からスプーンや箸を握るようにもつので、何度も矯正にチャレンジしましたが、毎回挫折しています。うまく使えないまま小学校に入学しました。給食では箸を使うことも多く、小学校でもおかずを箸で刺して食べたりしているようです。茶わんも縁に指を引っかけるようにもちます。食べ方を細かくいうと本人も嫌になってしまうと思うのですが、今からでもしつけ箸のようなものを使い始めたほうが良いのか迷っています。

ここかな 1 手の使い方が苦手

- スプーンや箸を使おうとせず、3歳くらいまで手で食べていました。手の機能の発達には、手づかみをたくさんさせると良いと聞きました。4歳くらいからスプーンをもつようになり、小学校入学前に箸の使い方も急に上手になりました。同じ年齢の子が手づかみを卒業していくなか、恥ずかしい思いもしましたが、結果的には焦らず待って良かったと思っています。

学んだこと！ 手で道具を扱う時の「手の使い方」には、できるようになる順番があるのだそうです。箸が正しく使えるのは、指の役割分担ができるようになって3本指で鉛筆を正しくもてるようになってからなど。もち方より「自分で食べる」という経験をたくさんつくって、食事の時間を楽しむことが一番だと気がつきました。

ここかな 2　両手がうまく使えていない

- 口を皿にもっていく「犬食い」をするようになりました。おかずを平らな皿ではなく、深さがあって取手もついたスープ用のお皿に入れたところ、スプーンですくえるようになりました。スプーンが縁にあたるので食べ物が乗せやすいようです。
- 「左手は？」と注意を繰り返していましたが、結局、おとなになった今も、茶わんのもち方はわしづかみ状態です。両手がうまく連動していない感じです。最近「幼い頃に手遊びをたくさんしたほうが良い」という話を聞きました。ブロックや積み木などでは遊びましたが、手遊びやあやとりはまったくしなかったなあ、と反省しています。

伝えたいこと！　利き手の使い方に目がいきがちですが、利き手が決まるまでは、自由に両手を使うようにすると良いそうです。「食事の時間は両手を使う練習をしている」と思うようにしたら、子どもが服などを汚すことにイライラしなくなりました。

ここかな 3　食材の形を変えてみる

- 煮物を出した時、野菜は刺し箸なのに高野豆腐は箸でつまんでいたため、食材によって箸の使いやすさが違うと気がつきました。それまで野菜は乱切りが多かったのですが、つまみやすいよう角切りに変え、はじめは固めの物・つまみやすい食材から箸を使うようにしました。食事の大部分は自然とスプーンからお箸へと移行していきましたが、冷ややっこだけはかなり遅くまでスプーンで食べていました。

伝えたいこと！　おかずが箸でうまくつまめた時、子どもはとても嬉しそうな顔をするのですが、毎日の食事づくりの負担にならないように、切り方を変えたのは野菜だけにしました。食事にはいろいろな食材が並ぶものです。毎日の食事の積み重ねで、ごく自然にいろいろなものが箸でつまめるようになればいいなと思います。

ためしてみよう

子どもの達成感のために「トレーニング箸」を使う

- 箸がうまく使えないため、食卓の箸を投げつけるようになりました。トレーニング箸にしたところ、自信がついたのか投げつける行為はなくなり、助かりました。
- 小学校の給食は箸を使うことが多かったので、低学年の頃は補助具付きのトレーニング用マイ箸を持参していました。

学んだこと！ 子どもにとって、箸は単なる食事の道具ではなく、「できるようになったよ。すごいでしょ」と、自分の成長を確認してもらうものでもあるそうです。「しつけ箸」は「箸を正しくもてるようにする」ためだけではなく、「子どもの達成感のために使う」と気持ちを切り替えたことで、「周囲の目」を気にすることも少なくなったように思います。

1-3 好き嫌いが多い

もやもやエピソード

離乳食でバナナを吐き出して以来、野菜・果物が大嫌いです。食べるのは肉・魚・炭水化物が中心です。中学生になった今も、つけ合わせのレモンを見て悲鳴をあげます。インスタントラーメンの粉末スープに入っているドライネギは、1つずつ取り出してから食べます。すりおろしたニンジンをハンバーグに入れても、口の中でニンジンの繊維に気づいてしまって食べません。しかたがないので、料理は本人分を先に取り分け、それから家族の分の野菜を入れて、本人の目に野菜や果物がなるべく入らないようにしています。

ここかな 1 食感を変えてみる

- 離乳食のおかゆをまったく食べてくれませんでした。マヨネーズやケチャップも苦手だったので、ベタベタした食感が嫌いだったようです。サラダはサラサラのドレッシングだと食べます。
- 幼児期、決まった食べ物しか受けつけませんでした。カリカリしたものは好きなので、肉や魚は竜田揚げなどにして、カリカリ食感のおかずで慣らしてから、炒め物、焼き物などにチャレンジしました。
- 果物が嫌いで食べませんでした。「種と皮があり、食べた感じが微妙」と思っていたようです。果物フレーバーのお菓子の味に慣れることから始めて、本物が食べられるようになりました。

伝えたいこと！ 食べ物の好き嫌いは、味やにおいを考えがちですが、食感が嫌いという場合も結構多いようです。食感は食べ物を口の中で受けた時の感じで、触覚がかかわっていて、触覚の敏感さと関係があるのかもしれません。

ここかな 2 温度に気をつけてみる

- 冷めてしまったうどんは断固拒否されましたが、温め直すと食べます。
- 冷ややっこは嫌いでしたが、冬に豆腐をレンジで温めたら、食べました。豆腐の味が嫌いかと思っていましたが、温度でした。

学んだこと！ 食べ物が熱かったり冷たかったりすると、口にすることを嫌がる場合があります。温度が違うと「いつもと違うもの」と思ってしまい、警戒してしまうのかもしれません。

ここかな 3 以前の嫌な経験を思い出してしまう

- 夕食でカレーを食べていた時、ものすごい雷の音にビックリして以来、カレーを見ると泣いて怒るようになりました。子どもの集まりではカレーはよく出ます。友だちが「わーい、カレーだ」と喜ぶので、そのうち「ごはん多め、カレー少なめで」といって食べるようになりました。小学5年生の今は、カレー大好きです。

伝えたいこと！ 「小骨が刺さったことがあるので魚は嫌い」といったことは、おとなでもあります。まずは、大丈夫だという安心感をもってもらうことです。

ポイント 1　無理強いは禁物！ 食べ方を工夫してみよう

- まず、嫌いなおかずは、5つの小皿に5等分し、本人の目の前で２つ取り除き、「３つだけ食べようね」とハードルを下げます。好物のコーンやポテトは、チャレンジできた後のごほうびです。この方法で、好き嫌いはほぼなくなりました。
- 牛乳が飲めず困りましたが、保育園で、牛乳をフルーツ牛乳やコーヒー牛乳に変更して、ひとさじずつ飲ませてくれました。家ではコップで無理強いしがちだったので、大変参考になりました。
- 小学校に入学するまで、おかずにはいっさい手をつけず、白いごはんしか食べませんでした。お茶わんの底に細かくしたおかずを交ぜたごはん、上に白いごはんを重ねたら、少しずつおかずも食べるようになりました。中学生の時、どうしておかずを食べなかったのか聞いてみたら、「おかずは食べ物ではないと思っていた」そうです。

1-4 同じものばかり食べる

もやもやエピソード

幼児期は炭水化物しか食べず、栄養の偏りが心配でした。牛乳は飲めたので、それだけが安心材料でした。小学校入学直前にフライドチキンを口にしてから、急に肉と牛乳だけを食べるようになりました。フライドチキンの味が気に入ったのか、スナック菓子も食べるようになりました。外で騒いだ時にスナック菓子があるとおとなしくなるので、あまり止めずに食べさせていました。小学５年生の今、家で食べるものはスナック菓子ばかりです。なかなか修正がきかず、困っています。

ポイント1 声かけを工夫してみる

- 好きなごはんしか食べないので、ごはんとおかずを３分の１ずつ小分けにして出すようにしました。三角食べの変形です。また、家族で食べる時に、「このおかずはおいしい」と話すようにしました。「食べて偉いね」とほめるより、「おいしそうに食べてくれて、お母さん嬉しい」と伝えたほうが効果的だと教わり、さっそく実践したところ、今まであまり食べなかったおかずを食べました。
- 子どもが３歳になった時に実家の近くに引っ越したため、夕食は実家で食べるようになりました。「このニンジンさんは裏の畑から」「ごはんがふっくら炊けた」などの説明が夕食の時に増えて、少しずついろいろなものを食べるようになりました。

ポイント 2　ごほうびのタイミングをまちがえない

- スナック菓子は、少量ずつ小袋になっているものを選んでいました。スナック菓子を習慣にしてしまうときりがないので、小袋を与える時もかなり特別なごほうびにしていました。
- 外出時に静かにしてもらうためのお菓子は、昆布やさきいかでした。食べるのに時間がかかるので、量が少なくても結構満足していました。
- 外で泣き出すと義母はすぐにお菓子を出します。子どももわかっていて、義母と一緒の時だけよく泣きます。義母がいない時は、お気に入りの絵本で泣き止んでいました。

伝えたいこと！　外に出かけた時などおとなしくしてほしくて、ついつい好きなお菓子をあげてしまうことがあります。「好きな食べ物をあげるから静かにしていてね」とご機嫌をとる方法は、子どもに「騒げば好きな食べ物がもらえる」という誤った学習をさせてしまいます。食べ物ではなく、好きな絵本やお絵かきセットといった方法をみつけておくと良いですね。

気をつけよう　偏食は肥満につながる可能性も！

- 離乳食が始まった頃から、特定のものしか口にしませんでした。小学生になっても好き嫌いが多く、学校で嫌なことがあるとストレス解消が食べることに向かってしまい肥満体型に……。太る→ますます運動不足→体型をからかわれる……という悪循環でした。

　その後、校則が厳しい中学校に入り、規則正しい生活が本人に合っていたようで、何をどのくらい食べるといった食生活が習慣になると、逆にそれを守るようになりました。そのほうが本人も安心して生活できるようです。

伝えたいこと！　「同じ食べ物ばかり食べる」のは、こだわりが強いという特性が影響しているのかもしれません。子どもにとって安心できる食べ物なので、同じものを食べるということにつながるようです。「数回に分けて食べる」「分量を考えて食べる」といったことが苦手なので、自分の好きなものを好きなだけ食べてしまいがちです。一部の食品ばかりを食べ続けるとバランスよく栄養を摂取できないため、肥満や不健康につながってしまいます。食べる順番、一度に食べる量、好きな物を食べるタイミングなど工夫して食べられるものが増えるといいですね。

1-5 小食で食べるのに時間がかかる

もやもやエピソード

食べることに興味がなく、空腹感もないのか、決まったものを口にするくらいで、ほんの少しの量を食べるにも時間がかかりました。また、すぐに席を離れて遊んでしまうので、テレビのコマーシャルを見せて気をそらせ、何とか座って食事をさせるという感じでした。彩りや盛りつけで目先を変え、好きそうなものもつくりましたが、改善しませんでした。幼稚園には工夫を重ねたお弁当をもたせましたが、食べるのに時間がかかり、先生から「何を食べて生きてるのかなぁ？」といわれていました。

ここかな 1 食事の姿勢に気をつける

- 食べているうちに疲れるのか、小食でした。ある日、親類が外食の時にも使える子ども用の食卓椅子を譲ってくれました。子ども用の椅子だと気も散らずに食事できるのか、時間がかからなくなりました。背の高さとテーブルの高さがあっているからか、スプーンを使うのも上手になりました。足がブラブラせず、足の裏をつけるステップもあるので疲れにくいようで、食べる量が増えました。

伝えたいこと！ 食器から食べ物を口に運びやすい体勢や姿勢が大切です。体格に合った椅子を使うなど、食事の姿勢にも気を配ってみましょう。

ここかな 2 食事が負担にならないようにする

- 「全部食べた」という思いが、次の食事につながると聞き、食が細いので栄養が足りているか心配でしたが、食事は、子どもが食べきれる量を出すようにしました。完食できたことをほめることも忘れずに。ほめられて嬉しそうな子どもを見て、食事の時間が嫌いにならなくて良かったと思いました。
- 用事があって食事時間が十分とれない時は、手で食べられるサンドイッチかおにぎりにするようにしていました。食事が遅いことにイライラすることもなく、後片づけも楽なので、おすすめです。

学んだこと！ 子どもにとって、食器やスプーンといった道具を扱うことは、かなりの重労働です。うまく使えないことで疲れてしまい、食欲に結びつかないこともあります。子どもの発達段階に合わせて、子どもが使いやすいコップやスプーンなどを用意したり、子どもが食べやすい調理法にすると、食事の動作が楽になります。

1-6 食事の時間にしっかり食べない

もやもやエピソード

小学生ですが、親の仕事の都合もあり、規則正しい時間に夕食を取ることができません。食事前におやつを食べてしまい、結局夕食の時はお腹が空いていなくてダラダラ食べ、食べ終わると眠くなってひと眠りし、そのあと入浴して夜遅くまで起きていることが多くなりました。どこでどうリセットすればよいか悩んでいます。

ここかな 1 空腹で食事の時間を迎える

- 小学校の頃は少しで満腹になり、遊びだしたりテレビを見たりで、食べ終えるのに時間がかかっていました。食べる量が少ないので残したものをおやつとして与えていましたが、次の食事の時におなかが空いていないという悪循環に……。思い切っておやつをなくし、夕食の時間を早め、食べ終わっていなくても30分で終わりにしました。また、テレビもおもちゃも子どもの視界に入らないようにして、30分間食事に集中できるようにしました。食後に「おなか空いた」といわないか心配したのですが、何もいいませんでした。しだいに食べる量が増えて、小学５年生の頃には食事の時間にしっかり全部食べられるようになっていました。
- ダラダラ食べや遊び食べで苦労しましたが、保育園に入るとみるみる改善していきました。座って食べるようになり、好き嫌いも少なくなりました。核家族のひとりっ子だったので、家での自分一人の食事という行為に興味がわかなかったのかもしれません。保育園で多くの友だちに触れて刺激をもらい、仲間と一緒に食べる楽しさを知ったのかもしれません。

- 幼稚園児ですが、おやつは小さなおにぎり、チーズ、トウモロコシといった軽食にしています。お菓子だと子どもは「もっと、もっと」とほしがりますが、軽食だと並べた分だけで満足しています。
- 「ごはんの前におやつを食べる習慣をつけないように」と育児教室でいわれたこともあり、「おやつはごはんの後のデザート」が、わが家のルールです。この「ルール」というところが大切で、おやつ以外のことでも「ルールを守る」は、生活のいろいろな場面で使えます。年齢に応じて子どもと話し合ってルールを決めていくので、親子で前向きな話し合いができる下地になりますし、子どもも納得しています。

伝えたいこと！ ダラダラ食べ、遊び食べを減らすには、食事の時間にメリハリをつけます。「食べ終わる時間がきたら片づけてしまうこと」「最後にデザートを食べたら、食事はおしまいにする」など、子どもと話し合ってルールを決めておきましょう。「食事の時間」という一定の時間内に一定量を食べ終わるという生活リズムは、周囲がつくることで身につくのかもしれません。

1-7 料理に挑戦してみよう！

子どもの食べることへの心配ごとはたくさんありますが、子どもと一緒に料理をしてみませんか？　自分で食べる物をつくるのは、子どもにとって、とてもワクワクする体験です。一緒に料理を楽しむことで、「食」への興味も広がります。

ポイント 1

自分がつくったものは安心して食べられる

- ホットケーキが好きだったので、材料を混ぜるだけの市販のものから始めました。本人が好きな料理を一人で簡単につくれるように、材料・手順のシンプルなレシピを探しました。完成したら「ほら、簡単！」といって、次のチャレンジにつなげました。学校の調理実習でつくった料理は家でもつくるようにして、料理することの定着を心がけました。
- 料理のレシピを見て、材料や調理法を確認し、嫌いなものが入っていないことがわかるとつくる気になるようです。

伝えたいこと！　まずは、好きなものを料理することから始めると良いでしょう。たとえ失敗しても食べる場合が多いようです。次につくってみたい料理へ関心が広がり、好き嫌いも少なくなっていきます。

ポイント 2 「食」に関心をもつようになる

- 幼児期は、好きなものだけ少し食べて終わりといった感じでした。お手伝いの１つとして、幼稚園の時にお米とぎの係にしました。小学２年生の時にたまたま玄米をいただくことがあり、家庭用の精米機を購入して精米を手伝ってもらいました。米ぬかを捨てるのはもったいないといい出したので、一緒に図書館へ行って米ぬかの活用法を調べました。ぬか漬けをつくりたいというので、最近は子どもに引っぱられる感じで、私が漬物に挑戦しています。

ポイント 3 作業の段取りについて考える練習になる

- 祖母の料理が口に合わず（野菜が固い、薄味）、残して口げんかになることがあり、ついに料理は自分でつくるといい出しました。まずは湯を沸かしてできるカップラーメン（ガスの扱い、沸かす湯量の加減を学習）→

袋ラーメン・レトルトパスタ→具入りラーメン（野菜はレンジで少し柔らかくして包丁で切る。嫌いな野菜も入れる）→カレー（ルー以外にケチャップ・ソースなど自分の好きな調味料を入れる）→簡単な煮物と進んでいます。調理は週１・２回ですが、できそうなことから少しずつはじめ調理の楽しさを学び、できることが増え、自信につながったようです。

伝えたいこと！ 料理には多くの手順・工程があるので、自然と段取りを考えて作業していきます。材料を準備・切る・調理器具を準備・時間を測るなど…順序良くする作業もあれば、並行しておこなう作業もあるので、さまざまなスキルが身につきます。

ポイント4 道具を扱う練習になる

- 卵をうまく割れない、ハンバーグをフライ返しでひっくり返せない、ピーラーでの皮むきも短く切れてしまうなど、不器用で見ていて危なっかしいこともありました。でも、何回もしていると上達するもので、調理後の後片づけもきっちりしてくれるようになりました。今では、調理器具だけでなく、食器の扱いもうまくなりました。

伝えたいこと！ 料理は、包丁や火を扱うので心配もありますが、子どもにあった調理器具を使って、少しずつできることから取り組んでいきましょう。インゲンの筋取りやソラマメのさやむき、レタスちぎりなど、幼くてもできることがたくさんあります。料理の便利グッズもたくさんあるので、チャレンジしてみましょう。

COLUMN

楽しい食事が一番

栄養バランスの良い食事をつくり、子どもたちがおいしく食べてくれるのが良いのはわかっているけれど、親も仕事などで忙しく、なかなか時間もないのが現実です。そんな時は、何が一番大切なのか考えてみましょう。食事を全部食べさせることでも、食事を早く食べさせることでもなく、「子どもが食事の時間が楽しい」と感じてくれることが一番です。

ためしてみよう①

あまり食べない時期があっても、少しずつ成長してくれるものです。マナーやしつけを気にしすぎて子どもを叱ってばかりの食事よりも、子どもとも会話を楽しむ余裕があってもいいかもしれません。子どもの話はあちこち脱線しがちだけど、子どもは話し手、親は聞き手に徹してみると、子どもが食事の時間を楽しみにしてくれるかもしれません。大きくなってから、「小さい頃はホント好き嫌いが多かったね」といった思い出話になることもあるはずです。

ためしてみよう②

子どもに食べてもらうために、少量ずつ盛りつけると良いかもしれません。一口で食べられる大きさのものを、少量盛りにしておくと、少々苦手なものも結構食べてくれます。また、缶詰などを利用すると手間もはぶけますね。茶わんや箸をならべる食卓準備を子どもに頼むと、「ありがとう」ということばで、嬉しい気持ちで食事が始められます。

第2章

衣服の着替え

「服を着ること」は、食事・排泄・睡眠とは異なり、人間の社会生活の中で生まれてきた動作です。おとなにしてもらっていた衣服の着替えも、2歳をすぎると自分でやりたがります。子どもにとっては初めての動作ですので、当然、うまくいかないし時間もかかります。待てずに、必要以上におとなが手を出してしまいがちな動作ではないでしょうか。

子どもにとって習得が難しい動作ですが、理解しやすいやり方を見つけて、急がせたり、叱ったりせず、余裕をもって接していけるといいですね。「自分でできるようになること」が一番大切なことです。

2-1

着る服が限られる

もやもやエピソード

１枚でなら着ることができる素材の服でも、重ね着をすると肌に触れる部分にシワができます。それが苦手で、真冬でも重ね着ができませんでした。アトピーもあり、肌に触れる感覚はないほうが楽なようで、帰宅するとすべて脱いで裸に！　風邪もひかず、気分良く過ごせているなら今はいいと考えていますが、ずっとこのままでいいかが気になります。

ここかな 1　服の素材に敏感

- 皮膚にカサカサ当たる生地がダメで、小学生までは襟と脇のタグ切りをし、上下ともコットンの柔らかい素材の服を着せていました。青い服しか着ないうえ、デザインにもうるさく、大きくなるにつれて服探しに苦労しました。少しでも快適に過ごせるならと質を重視し、サイズが豊富でスウェット素材のズボンがある特定の店の服を愛用していました。そんな子が中学の制服を着られるか心配でしたが、中学生という自覚が強かったのか制服で登校しました。そ

のうちに「Gパンをはきたい」といいだしました。本人なりの「カッコいい」が「着心地悪い」に勝ったのだと思います。感覚的に嫌なものは仕方ないと無理はさせませんでしたが、成長につれて小さい頃より感覚が緩やかになり、いろいろな生活の場面で楽になっていきました。

- 素材の感触だけでなく、ナイロンのシャカシャカ音が出る服もダメでした。冬にはおるパーカーも擦れる音を嫌がって着ませんでした。

学んだこと！ 赤ちゃんの時、本人が眠くなってきて抱っこしても、しばらくするとまるで「もういい」といっているような感じで、自分で親の腕からずり落ちることが一番印象に残っています。抱きしめられる感覚や、くっついていると体温が高くなるのが嫌だったのかもしれません。

外遊びでは、どろんこ遊びを嫌がり、神経質かなと思っていましたが、そのときは皮膚感覚が過敏だとは気がつきませんでした。感覚過敏があることがわかってから、乳幼児の頃のもやもや感に納得がいきました。

ここかな 2 締めつけ感が苦手

- 手首や足首にゴムのような締めつけがあるデザインは無理でした。足首部分がしまっていると、下に引っ張られる感じがして下半身全体に違和感があるそうです。
- 幼児期はズボンのウエストのゴムを緩くしてひもを通し、締め方を調整できるようにしていました。小学校低学年くらいになると、きつくなければゴムも大丈夫になりました。
- 幼稚園では、帽子のあごひもや幼稚園のスモックの袖口ゴムを嫌がっていました。小学校でも赤白帽子のあごひもを帽子の上にかけるので、先生に注意されましたが、理由を説明したところ理解してもらえました。

ポイント 1 服のこだわりは安心して過ごせるから

- 色、デザインにこだわりがあるので閉口することもありますが、親がいちいち気にしないようにしたら、子どももうるさく主張しなくなった気がします。服のマイルールはありますが、遠足の服装・靴の注意事項などは受け入れるので、構わないと思っています。

学んだこと！ 本人のお気にいりやルールも認めながら、似たような服をすすめたり、1アイテムだけ変えたりすることから始めると、安心できる服の範囲が少しずつ広がるようです。

ポイント 2 制服の場合

- 中学校の制服は詰襟で、第1ボタンまでしめる規則になっていました。他にも長ズボン・ベルト・長袖など苦手な服のお手本のようでした。規則だからと本人は思って3年間着用したようですが、我慢と努力だったのだと思うと切なくなります。しかし今後、会社などさまざまな場面で必要なら必要な服を着用できるのかも……と期待もしています。

伝えたいこと！ 制服によるかゆみ、痛みなどの不快感は、本人にとってとてもつらいものですが、なかなか周囲の理解が得られにくいので、苦労しました。学校で過ごす時間は長いので、学校と話し合って気持ちよく学校生活が送れる方法を考えていきたいものです。

2-2 着替えで困ること

もやもやエピソード

服を後ろ前に着たり、ボタンやホックの留め外しに時間がかかったり、なかなか一人で着替えができるようにならず、手伝う期間は長かったと思います。小学校入学前には、体育の時間に備えて体操服の着脱練習をしました。ボタンやホックは力任せに引っ張るので、よく取れて失くしていました。ジッパーも、かみ合わせ部分がうまくできませんでした。成人した今も、恐らく苦手なままだと思います。

ここかな 1　服の脱ぎ着の順番がわからない

- シャツ・上着・ズボンと、子どもから見て左から着る順番に衣服を並べるところから始めました。服の前後を確認し、背中側を上にして置くようにします。着る時に「はじめは頭」と動作を歌いながら教えると喜んで、自分で着る時も歌に合わせて挑戦するようになりました。
- シャツやトレーナーなど頭からかぶる服の時、まず手を通して次に頭からかぶる順番で最初は教えていました。私自身が母から「はじめに頭からかぶると手を通すとき衣服が伸びる」といわれて育ったからです。でも、子どもにはその方法は難しく、私も服を頭からかぶせてから手の通し方を教えたほうが楽だったので、「頭から」に変えました。

学んだこと！　自分で脱ぎ着するのと人に脱ぎ着させてもらうのとは、意識も動作も異なり、コツを習得するのは一苦労。結局、自分が着やすい方法に落ち着くようです。かぶり物はワンサイズ大きい服で練習すると、首回りに余裕があるので頭を入れやすくなり、子どもも「ひとりで着れた！」という感覚になるようです。

ここかな 2 左右がわからない

- 着替えの時、「こっちの手」「反対の手はここ」とからだの動かし方をいいながら手伝っていましたが、子どもには伝わりにくかったようです。保育園で先生がスモックの脱ぎ着を手伝う時に、子どもの後ろに回って同じ向きになり、子どもの手をもちながら「右手」「左手」と声をかけているのを見て、家でも取り入れました。後ろから手伝ったほうが、子どもも「自分で着れている」感じが強いのか、「できた」という回数が増えました。
- 服を頭からかぶる時、いつの間にか衣服が回転してしまい、前後が逆に着ていました。服を首までかぶった時に、どちらの袖が右手かわかるように、右袖に目安となる印をつけました。そのうちに印は必要なくなりました。

学んだこと！ 「右」「左」は「上」「下」よりもとらえにくい感覚だそうです。子どもと同じ向きでサポートをすると、親はことばがけに混乱しないし、子どもは「右」「左」の意識が定着していく感じがして、おすすめです。

ここかな 3 着替えのコツがわからない

- 頭からかぶる服を脱ぐ時、前で両手を交差して裾を上にもちあげて最後に頭から抜くことができませんでした。長袖は袖口を反対の手でもって引っ張って袖から脱ぐこともできますが、半袖はそれができません。背中の部分を上にたくし上げる力加減もうまくいかず、無理やり脱いでいました。中学生になり、コマーシャルで俳優さんがカッコよくシャツを脱ぐシーンを見たそうで、それを参考にしたら、少しうまく脱げるようになりました。

- わが家の地域の公立小学校には、標準服があります。小学校入学直前、標準服をひとりで着られないことが判明しました。腕を通す順番など特訓しましたが、もう少し前から余裕をもって練習すれば良かったと反省しました。制服とは違い、着用義務はなかったので、普段着でも仕方ないと思っていましたが、小学校へ行き始めると毎朝のことなので、しだいにスムーズに着ることができるようになりました。ズボンを立ったままはくことだけは難しかったので、「学校では、椅子に腰かけてはいてもいいよ」と伝えました。

学んだこと！ 服の脱ぎ着がなかなか上達しない息子相手に悪戦苦闘しているうち、私たちの何気ない動作も微妙な力加減が必要だと気がつきました。袖に手を通す時の腕の方向、ズボンをあげる時の腕の動かし方、スナップボタンを留める時の力の入れ方など。一つひとつの動作に苦労しているのは本人なので、急かさず、できるだけ「ひとりで着る」という気持ちを大切にしました。着替えは毎日のことなので、繰り返していれば自分でできるようになってきました。

2-3 靴が履けるまで

もやもやエピソード

小学校の高学年から靴では苦労してきました。靴のひもがうまく結べないので、中学生まではマジックテープの靴を探していました。大きくなってくるとスニーカーなどひも靴が多くなり、練習してどうにか結べるようになりましたが、歩いている途中ですぐにほどけてしまいます。

成人した今も立って靴を履けないので、毎朝マンションの狭い玄関に座り込んで靴を履きます。立ったまま靴が履けるように、せめて幼いころから練習しておけばよかったかもしれません。

ここかな 1 左右がまちがっていても平気

- 一人で靴を履くと、ほとんど左右反対でした。履くところを見ると、右の靴をもって左足から履いていました。「左利きなのかも」と思い、左の靴をもつよう修正するか、左足から履くよう修正するか悩みましたが、結局「右から」と教えているうちに右足から履くようになりました。
- 脱いだ時に靴を左右そろえる習慣がつくと、履く時も左右をまちがえなくなりました。「靴置きのイラスト」を購入し、玄関のたたきに貼っておきました。幼稚園入園前でしたが、脱いだ靴をイラストと同じように置くようになりました。また、靴の左右の違いがわかりやすいように、かかとのタブのところに左右色違いのひもをつけました。ひもは輪にして、そこに指をかけて引っ張ればかかとがストンと入ります。左右の色の違いは、本人にもわかりやすかったと思います。

- マジックテープの端にキャラクターが描いてある靴を選ぶと、履く時にマジックテープをキャラクターの位置で留めるので、左右を教えやすくなります。
- 幼稚園の上履きは左右がわかりにくかったので、絵が描いてある中敷きを購入しました。左右そろえて置くと絵ができあがるので、子どもも喜んでそろえていました。

学んだこと！ サイズが合わない靴は、足のトラブルにつながりやすいとわかっていても、長靴などつい大きめを選びがちです。サイズが大きいと、左右逆でも気にならないことがあるようです。本人の感覚を汲み取るのはなかなか難しいですが、サイズがすぐに変わる時期は靴選びを大切にし、ジャストサイズを履かせるようにしていました。

ここかな 2 靴ひもが結べない

- 靴ひもを結ぶ練習は模型をつくって繰り返しましたが、身につきませんでした。マジックテープや止め具つきのひもなどを使って代替しました。最終的には「違う方法で、それらしくひもが結べればよし」としました。
- 小学校高学年になり、本人は靴ひものある靴を履きたいというようになりました。靴ひもは少し緩く結び、靴ベラで履くようにしました。携帯用の靴ベラをもち歩いていました。

ここかな 3 かかとを踏んでしまう

- 小学校高学年になってもかかとを踏むことがあり、靴の履き方を検索し印刷して説明しました。靴職人さんのこだわりのある靴づくりのホームページだったので結構説得力があり、本人が気をつけるようになりました。

学んだこと！ 子どもは、「早く外へ出たい」一心で、靴のかかとを踏んでとび出すので、靴の形が崩れます。「かかとを踏んでいると（つま先に体重がかかり）転びやすいよ。ケガをしないためにかかとまで履こうね」と理由を伝え続けたら、少しずつ正しく履くようになった気がします。

ここかな 4 立ったまま履けない

- 通った幼稚園は「立ったまま靴を履けるように」という方針でした。「玄関でサッと履き替えられないと、小学校で大変ですよ」といわれ、つま先まで入れて、靴のかかとを引っ張る方法をていねいに教えてくださいました。入園直後は、床に腰を下ろして履いていましたが、先生から「立って履いてみようか」といわれて、靴箱につかまるなどしてがんばってチャレンジしていました。履き替えが段々と早くなり、その頃にズボンも立ったまま履けるようになりました。どうにか小学校入学に間に合いました。
- 床に腰を下ろして靴を履いている時は、「立ったまま履きなさい」ではなく、「そこにつかまったら？」「角っこにもたれたほうがいいよ」など、具体的に教えるようにしました。外出先でも、自分で安定して履き替える場所を見つけるようになりました。

アドバイス 日本では外出先でも「入口で靴を脱ぐ」「出口で靴を履く」ような場所がたくさんあります。いつでもどこでも、床に腰をおろしてゆっくり靴を履けるわけではないので、立ったまま靴を履ける動作を身につけておくことは必要かもしれません。幼い頃から、片足立ちを遊びの中に取り入れて、バランスを取るなどの練習をしてみるといいですね。

2-4 服の着方に無頓着

もやもやエピソード

11歳ですが、着ているものに無頓着で、ズボンがずり落ちてパンツが見えていても気になりません。幼稚園でも小学校でも、校庭で一番汚れている子を探せばわが子でした。服が後ろ前で首元が苦しい時は、さすがに気がついて直しますが、面倒なのか、うるさくいわないとボタンを留めることもしません。ランドセルのふたやカバンのチャックが開いていて中身が丸見えでも気に留めません。全身がうつる鏡を子どもの着替え場所に置いてチェックするように促していますが、なかなか改善されません。

ここかな 1 「整っている」状態がわからない

- だらしないことが平気になっても困ると思い、「ボタンが留まっていない」「靴下がずり落ちている」と口うるさく注意していましたが、本人は何をいわれているのか理解できていませんでした。絵で示すのが一番わかりやすいようで、着替えの絵本を何度も読むとお気に入りになり、「ボタンを留める」とか「靴下をはく」という状態がどういうことかわかるようになってきました。
- シャツの裾をズボンの中に入れる練習では、前だけ押し込んで終わりにならないように、片手でズボンを広げ、もう一方の手で腰周りをなぞりながら裾を入れていくことを具体的に教えました。
- 自分で着替えられることを目標に、気長に取り組むことが一番の近道だと思います。靴下のかかと部分を確認すること、シャツを着た時にしっかり裾を下げること、シャツの裾がまくれないようにズボンをはくことなど、自分でできるようになれば気がついた時に直すことができます。ついつい親がやってしまいがちですが、そうすると自分で直すこともできなくなります。

- 小学生になると、「マネキンが来ている服や憧れのアイドルの服装を参考にする」というようになり、親がガミガミいうより効果的でした。

学んだこと！ 「襟が曲がっている」「シャツが出ている」と注意する毎日でしたが、そもそもめざす姿がわかっていなかったようです。理解しやすい手本を見る、動作を細かく区切って確認できるようになると、少しずつ「整っている」状態に近づいていきました。

ここかな 2 自分がどう見られているかに無頓着

- 鏡を見てチェックするポイントを絵とことばで書いて、鏡の横に貼っておき、登校する前に確認する習慣をつけました。「髪の毛が跳ねている→水でぬらして櫛でとかす」「顔に何かがついている→顔を洗い直す」「襟が立っている→襟を折り曲げる」「シャツが出ている→シャツをズボンの中に入れる」「ボタンがとまっていない→下からとめていく」と、最初は細かく書きました。だんだん自分でおかしなところに気がつくようになり、中学生になった今は細かいチェック表はつくっていません。

- 小学生の頃は服が汚れていても、しわくちゃでも無頓着でした。お手伝いとして洗たくやアイロンを教えるうちに、いろいろ気がつくようになりました。ボタンが取れそうになっていたらつけ直すことを教えました。

学んだこと！ 子どもに「そんな格好だと恥ずかしいよ」といってきましたが、周囲の人がどう感じるかに関心が薄く、「身だしなみ」のこと自体わからないようでした。「鏡を見てごらん」という声かけでは、「自分の姿を見ただけ」で終わってしまいます。気をつけることを具体的に目に見える形でリストにすると、何に気をつければよいのか本人もわかりやすいようです。服をたたんで、タンスの引き出しにしまうと、服がしわくちゃにならないなど服に対する無頓着状態からは、卒業できたようです。

2-5

気温に応じた衣服の調整ができない

もやもやエピソード

小学１年生の冬、児童館の催しにひとりで参加しました。２時間ほどして会場へ迎えに行くと、暖房が効いた部屋で息子だけがコートを着て遊んでいました。聞くと、ずっとそのままだったそうです。本人は「暑くなかった」といいますが、明らかに部屋の中でコートは暑い。声をかけてくれる人がいないと、自分で服を脱ぎ着しないことに少々驚きました。それまで、寒くなっても半袖で過ごしていて「薄着で元気」と思っていましたが、本当は暑さ寒さによって服を調整することが苦手だったのだと感じました。

ここかな 1　温度変化を感じにくい

- 小学生ですが、「暑い」か「寒い」か自分の感覚が良くわからないようで、朝、家を出る前に必ず「今日は暑い？」と聞いてきます。毎朝聞くので、温度計で気温を確認することにしました。自分の感覚というより気温や天気予報で、着ていく服の判断をしています。その日の気温、着ていく服や傘などもって行くもののアドバイスを家族にしてくれるようになり、学校では「天気博士」と呼ばれています。

ここかな 2　自分で服を調整できない

- 小学生になっても、暑そうにしていたら「服を脱ぐ？」とか、「今日は寒いから上着を着る？」などの声かけが必要でした。最近は、天気予報で「寒くなるので１枚はおるものをもって行ったほうが良いでしょう」などの情報をくれるので、本人はそれを参考にしています。

- 小学生の間は12月末まで半袖のTシャツで過ごしていました。暑がりかと思っていましたが、中学生になって制服になると、衣替えに合わせて、衣服を変えるようになりました。いつの間にか、私服でも気温に応じて調整しています。

学んだこと！ 子どもの「暑い」「寒い」の感じ方を見ていて、自分の感覚で衣服の調節を決めるよりも、調節の目安があったほうがわかりやすいのだと思うようになりました。子どもが見てわかりやすい天気予報などは、自分で「長袖にする」「上着を脱ぐ」と判断する目安になるようです。住環境や気候の変化で、「衣替え」という時期の目安も流動的になっています。「天候に応じた服」の提案は、本人にとっても安心できる情報になるようです。

ここかな 3 「暑い」「寒い」をうまく伝えられない

- 幼稚園の運動会で座っている場所が暑かったのですが、場面かん黙もあって自分からは「暑い」といえず、意識がもうろうとしてしまいました。以来、袖をまくること、何かであおぐことなど、「暑い」「寒い」時の動作を教えました。幼稚園にも、そういう動作をしていたら「暑い」というシグナルなので伝えられたことをほめてほしいとお願いしました。本人にとっては、自分の意志を伝える第１歩になったかと思います。外ではなかなかことばが出ませんが、「いろいろ伝えたらわかってもらえる」という経験をしてほしいと思っています。

＊場面かん黙：家では話せるのに幼稚園や学校など、特定の状況において話すことができなくなる状態。

学んだこと！ 「暑い」「寒い」くらい簡単に伝えられるだろうと思っていたら大まちがい。親は子どものしぐさなどで察することができますが、外では「暑い」「寒い」を感じていても、どうしてよいかわからないことがありました。

ここかな 4 暑さ寒さより、がまんできない理由がある

- 夏でもフードつきの厚手のジャケットを着ています。本人は暑いと思っているようですが、それでもフードをかぶっていたいといいます。音と光に過敏なことがわかり、耳栓を愛用するようになりました。それからは、薄手のフードつきジャケットでもオッケーになりました。
- 幼児期から、真冬に手足が冷え切っているのに「寒くない」といいはっていました。半袖から長袖に着替えようといっても拒否。長袖の感触が嫌なのかと思い、厚手の半袖で冬を過ごしました。中学で制服になったらどうなるかと思っていましたが、入学の時、長袖制服でオッケーでした。「長袖で温かい？」と聞くと、「別に温かくない」という返事。結局、「夏は半袖」「冬はコートを着る」といったようなルールがあったほうが理解しやすいのだと思いました。

学んだこと！ 暑さ寒さよりも優先させたい感覚の過敏もあるので、「暑くても厚着の理由」「寒くても薄着の理由」を本人に聞くようにしています。本来の原因がわかることで対策の一歩となることがあります。

2-6 自分で服を選べるように

もやもやエピソード

ファッションセンスがなく、20代とは思えない服を選ぶ息子です。「店のディスプレイを見てマネたらいいよ」とアドバイスをしたものの、変わらず年齢より落ち着いた服装です。聞くと、中年向けの売り場で購入していることがわかりました。若い人が買う店を教えると「そうか。店が違ったか」と驚いている状態でした。

髪型も同様で、大学3年生で初めてひとりで散髪にいき、丸刈りになって帰宅しました。なぜその髪型なのかたずねると、「すっきりして気にいっているが、ダメか？」と逆に聞かれました。「雑誌などを参考に髪型を決めたら？」と返すと、妙に納得していました。ファッションとは難しいものです。

ここかな 1 本人の好みとTPO

- 幼児の頃からなぜかキャラクターのついた服は嫌いでした。「近所の子が着ていた」と「今どき」の服が祖父母からプレゼントされましたが、多くの服が着ないまま小さくなり、友人たちにもらわれていきました。着ない服を増やしたくなかったので、小学生になってからは服を買うときは本人に選ばせました。いつも似た服、無難な色を選びますが、それはそれで良いかと思っています。
- 小学校の入学式用に購入した「よそいき服」を家で試しに着せた時「嫌だ」と脱いでしまいました。「かっこいいよ」とほめても効果なしで、仕方なく、子ども服売り場に連れて行き、入学式の服を着たマネキンを見せて「入学式の時だけこの服を着て、写真を撮る」と説明しました。無事に入学式も終わり、記念写真も撮影しましたが、１回着ただけで終わりました。もったいなかったです。

学んだこと！ 身だしなみを含めて服選びを日々の会話にしていました。手もちの服を把握してコーディネートを考えたり、服を購入する時に子どもの意見を聞いたりしました。また、非日常が苦手な子どもにとっては、入学式などでTPOに合う服装をするのは、イメージしにくいことが影響しているのか、ハードルが高いようです。

ここかな 2 私服のコーディネート

- 幼い頃から服にこだわりはなく、親が買った服を着ていましたが、しだいに黒いズボンばかり履くようになりました。上が何でも合うと思うとのことで、中学生になってから、下は絶対に黒のジーンズです。上は白っぽいTシャツで、その上に縞のシャツをはおるというのが基本のスタイル。どの組み合わせでもオッケーなので気が楽なのだそうです。
- 高校を卒業して専門学校に着ていく服の組み合わせに悩んでいました。

親もファッションセンスに自信がなく、アドバイスもしにくいものです。組み合わせアドバイスのアプリも使いましたが、イマイチだったようで、手もちの服をスマホで写真に撮って組み合わせを考える方法に落ち着きました。衣服の管理も楽にできて良いようです。

アドバイス 服の上下のコーディネートはなかなか難しいものです。特に高校卒業後は制服がなくなるので、日々の服装の選び方に困ることがあるようです。同年代の人がどのような服装をしているか、雑誌や外出先などでチェックし参考にしながら、自分が落ち着くコーディネートができるようにしたいものです。

ここかな 3 傷んだ衣服の取り替え時期がわからない

- 小学校高学年の頃、服が破れていてもまったく気がつかず、カバンの取手が１つとれても気になりませんでした。中学で制服になってからは、私服はほとんど同じものばかり着るようになりました。「古くなったから捨てよう」といっても「もったいない」と着続けました。「中学生になったので、自分の格好に責任をもつ」と話をし、替え時になった服や靴の写真を撮り、靴のかかとの減り方、シャツの首周りの擦り切れ、Ｔシャツの横のほつれなど、その写真のようになったら買い替えることにしました。かかとが減った靴については、自分でもまったく気がつかなかったようで、「カッコ悪い」といっていました。

学んだこと！ 服も靴も消耗品ですが、替え時に気がつかないことや馴染んだものが捨てられないことがありました。〇年着用したので処分といった期限を決めて、本人が割り切れるように工夫が必要な時があります。

ボタンの練習

服の脱ぎ着の中でも、ボタンのかけはずしは一番難しいかもしれません。「ボタンをつまむ」→「もう一方の手で穴の部分をもつ」→「ボタンを穴に押し込みながら、穴の部分をもった手でボタンを引っ張り出す」。たくさんの工程があります。

ためしてみよう①

冬のコートのボタンは大きいものが多いので、ボタンかけの練習にはピッタリです。

ためしてみよう②

ボタンのかけはずしができるようになってきたら、親が着ている服のボタンをかけたりはずしたりしてもらうと、指先の使い方の練習になります。衣服の脱ぎ着に関心が出てくる頃に、指や手首のひねり方などたくさん練習しておくとよいと思いました。

工夫①

丸いツルツルしたボタンより、滑りにくい素材のボタンのほうが凹凸があり、つまみやすいようです。ボタンをかけはずししやすい洋服を選んだり、場合によっては、滑りにくいボタンに付けかえてみてもいいかもしれません。ボタンを付ける時、少し緩めにつけたほうが、子どもは扱いやすくなります。

第3章

生活リズムを整える

生活リズムが乱れると、自律神経の乱れや学習能力の低下をまねいてしまいます。心身共に健康であるためには、毎日規則正しい生活を送ることが大切です。しかし、子どもに規則正しい生活を習慣づけたいと思っても、うまくいかないこともあります。つい、子どもにガミガミ怒鳴って悪循環におちいりがちです。そんな時はちょっと視点を変えてみましょう。

「生活リズム」は、朝起きてから寝るまでの行動の連続です。この「行動」を規則正しく進めていくのは結構難しく、苦労している人も多いのではないでしょうか？　私たちは、自分で意識しているか否かにかかわらず、何かのために（目標に向かって）行動しています。この行動に必要な機能を実行機能といいます。Plan（計画）→ Do（実行）→ Check（評価）→ Act（改善）というPDCAサイクルをうまく回すことが「生活リズムを整える」ことにつながります。

実行機能や自己制御は、幼児期に著しく発達しますが、その後も青年期や成人期まで長い時間をかけて発達していくそうです。子どもの生活スタイルは、年齢とともに大きく変わっていきます。各時期ごとに、一人ひとりの特性に合わせた実行機能を高めていく方法を考えることで、生活リズムを整えやすくなるのではないでしょうか。

3-1

夜の睡眠がうまくとれない

もやもやエピソード

赤ちゃんの時から夜泣きがひどくて、親も眠ることができず意識もうろう状態でした。昼の散歩を長くしたり、親の鼓動を聞かせるように胸の上に乗せて寝かせてみたり、いろいろ試しましたが効果がありませんでした。母親のイライラを感じているともいわれましたが、夜も昼もよく泣くわが子をとてもかわいいと思えるような状態ではありませんでした。

ここかな 1 睡眠環境を整える

- 育児教室で、生活リズムを整えると、その後の育児が楽になると聞いたので、子どもが自然と眠くなるように環境を整えることを大切にしてきました。沐浴後から少しずつ入眠モードに入るように部屋をうす暗くし、落ち着いた声で話して興奮させない状態をつくるようにしました。
- 幼い頃から夜の眠りが浅く、音に敏感ですぐに起きていました。旅行に行った時、アイマスクとイヤホンがあるとよく眠れることがわかり、毎晩つけるようになりました。

アドバイス 夜泣きが激しい子もいれば、まったくない子もいるように、個人差が大きい夜の眠り。親の体力も気力も奪う夜泣きですが、理由は一人ひとり違うそうです。わが子の睡眠環境の整え方のコツがつかめれば、幼児期以降、子育てのいろいろな場面で活かせることが多いでしょう。

ここかな 2　昼夜逆転生活から抜け出す工夫

● 中学生になり夜型の生活になりました。１学期は遅刻ばかりで、このままでは不登校になってしまうと焦り、専門家に相談して、夏休み生活改善プログラムに参加しました。

まずは将来のことについて話をしたそうで、息子はシステムエンジニアになりたいといったそうです。そのための具体的な日常の行動目標をいくつか立てることになり、「早寝・早起き」も目標に入れました。苦手な「早寝・早起き」と科学館の「夏休みプログラミング講座」をセットにし、「午前中のプログラミング講座に参加するために早起きすること」「家でプログラミングの勉強は午前中だけ」というルールをつくりました。夏休みの間、生活チェック表に１日の行動の記録をつけて、１週間ごとにどこがうまくいったか、失敗したのは何が原因かを見直すようにしました。親は指示を出したりしないで、うまく進んでいるところを評価してほめるようにいわれました。「口出ししない」というのは親には大変なことで、親の行動についても見直す良い機会になりました。

学んだこと！　私たちは、朝の明るい光を浴びて目覚め、約14時間後に眠気を感じるという体内時計をもっているそうです。まずは朝決まった時間に起きて、眠る時間には部屋を暗くして眠る態勢にします。「早寝・早起き」といいますが、対策としては逆の「早起き・早寝」だそうです。

そして、「早起き」を続けるコツは、楽しいこととセットにすることでした。「楽しいことをするために早起きする」プログラムについて、子どもと話し合う大切さがわかりました。

ここかな 3　睡眠障害への対応

- 赤ちゃんの時から睡眠時間が少なく、細切れ睡眠の連続でした。「寝ないのは好奇心旺盛で世の中がおもしろく楽しいから」と親が切り替え、起きている時は工作やお絵かき、折り紙、粘土、本の読み聞かせなど、できそうなことをたくさん一緒にやって過ごしました。成人した今も睡眠時間は短いです。
- 幼い頃から寝つきが悪く、朝、小学校に登校させるのに苦労しました。中学生になって睡眠障害に詳しい医療機関にかかり、投薬を始めて、朝起きられるようになり、夜の寝つきも改善されました。
- 夜、布団に入っても眠れないため、「布団に入ること」が強迫になり、布団ではなくソファで寝ることが習慣になりました。中学校ではとうとう不登校状態になってしまいましたが、高校は本人の生活スタイルに合ったところを選びました。働いていけるのか心配しましたが、現在は夜勤が多い補修・メンテナンスの仕事に就いています。

アドバイス　どうしても生活リズムを整えることが難しい場合、睡眠障害があるのかもしれません。睡眠障害とは、脳の働きの問題で、寝ようとしてもなかなか寝つけず、すぐに目が覚めてしまう症状で、長く続くと、記憶力・判断力・注意力・意欲が低下し、自律神経機能も乱れてくるそうです。同年代の子どもに比べてできないことが増えると、自己評価が下がってしまいます。夜に寝ないことを責めてしまいがちですが、子どもの成長に良いことは何か、しっかり考え必要に応じて医療機関で受診することも大切です。

3-2 昼間、寝てしまう

もやもやエピソード

小学校の先生から、「授業中眠っているので、夜きちんと寝かせるように」といわれました。夜ふかしするというより、昼も夜も関係なく突発的に寝て、突発的に起きる感じです。

日中に家族でテレビを見ていても、興味がないとコックリコックリしています。

ここかな 1 疲れやすくて寝てしまう

- 乳児の頃から、抱いていてもフニャフニャした感じで、寝返りもお座りも遅く、不安定な感じでした。幼児期には気がつくと寝転がっていました。

  レストランに入ってもすぐソファの上でゴロゴロして、声かけしないと寝てしまうことがありました。外遊びは嫌いで、家の中でおもちゃで遊んでいても覇気がない感じでした。作業療法士さんに体幹を鍛える指導をしていただいて、随分とできることが多くなりました。

学んだこと！　「すぐに寝転がってしまうのは、どうしてだろう？」とずっと不思議に思っていました。作業療法士さんの話を聞いて、何をするにも姿勢が大切だとわかりました。体幹が育っていないと、姿勢を保つだけで疲れてしまい、すぐに寝転んでしまうのだそうです。姿勢を保てないと、腕や手を使う運動などにも支障が出てくるそうです。

ここかな 2　発達特性により集中力が続かない

- 幼児期から本人がやりたいという習いごとに通ってきましたが、飽きっぽくてどれも長続きしませんでした。小学校に入り、宿題も途中で投げ出してしまうことが多く、授業態度にもムラがあり、寝ていることも多くなりました。テストも途中から白紙状態で、とうとう不登校になりました。思い切って不登校専門の学習塾に切り替え、本人が集中しやすい時間帯に学習を進めてもらいました。本人も自分の勉強方法がわかってきたようで、中学受験を乗り超えることができました。目標と計画をたて、それをひとつずつクリアして最後までやり遂げる自信がついたと思います。
- 小学３年生の時にADHDの薬を服用し始めました。集中力が続かず、すぐに次の動作に移ってしまうことを抑えるための服薬でしたが、親としては、突発的に寝てしまう過眠傾向が改善されたことが、何よりも嬉しいことでした。行動のコントロールが難しく、明け方になって寝つく生活から抜け出すことができました。
- 中学生になって剣道部に入りました。小学校では、やる気がなくダラダラしていたので、運動部でやっていけるのか心配でした。部活で疲れて、小学生からの授業中の居眠りがますますひどくなるかと思っていましたが、規則正しい生活にリセットされました。昼間疲れるのか、夜しっかり寝て早朝練習に出かけます。剣道部の顧問の先生もよく面倒を見てくださって、本人もがんばろうと思っているようです。

学んだこと！ 発達の特性から、すぐに結果の出ないことにはやる気が出ず、簡単に興味を失ってしまう傾向があることは知っていました。しかし、興味のないことに取り組むと極端に覚醒が下がり、授業中でも眠くなってしまうことに驚きました。逆に、興味のあることには集中して取り組むため、その強みを活かすことができます。集中できる環境設定は、一人ひとり違うため「平日の学校や仕事の活動がスムーズにいくように」調整していく必要があります。家庭・学校・相談機関・医療の連携が本当に大切だと思います。

ここがな 3 酸素不足が原因で寝てしまう

- 落ち着きがなく、集中力に欠けていて、小学校の先生からADHDではないかといわれて受診しました。「授業中も寝ている」と話したところ、睡眠時無呼吸症候群の検査を受けることになりました。アデノイド肥大による睡眠時無呼吸症候群とわかり、今は耳鼻咽喉科に通院しています。「落ち着きがない」「集中力がない」「乱暴な子」といわれてきましたが、早く気がつけばよかったと思っています。

アドバイス 落ち着きがなかったり、集中力がなかったりすると、発達障害が疑われることが多くなりました。しかし、症状は同じように見えても、原因が違うこともあります。睡眠時無呼吸症候群はおとなの病気と思われがちですが、子どもの１～３％が睡眠時無呼吸症候群を発症しているともいわれています。正しい対策のためにも、専門医を受診することが大切です。

3-3 やりたいことが終われない

もやもやエピソード

「ゲームの構成上、セーブポイントまで進まないと、きょうやったことがムダになる」といって、ゲームがなかなか終わりません。親はゲームに詳しくなく、言い訳されてしまいます。タイマーをセットしても、タイマーのアラームを聞いてからポイントをセーブするための動きを始めるので、軽く30分はオーバーします。それを見越してゲーム時間を設定すると、「こんな時間では足りない」と反発されてしまいます。

ここかな 1　終わるまでの準備時間をつくる

- 近所の動物公園に行くと必ずペンギンの前で止まり、１～２時間は見続ける日々。時間に余裕がある時は一緒に楽しむことにしましたが、時間がない時は、「（水槽を端から端へと泳ぐ）ペンギンさんと（走って）競争して、負けたら帰るよ」という約束をしました。３回に１回くらい勝つこともあり、毎回負けるわけではなかったので、約束通り帰るようになりました。
- 幼稚園で「交代の歌」を覚え、ブランコ遊びで数をカウントしたあと、この歌を唄うとすんなり交代してくれました。（♪おまけのおまけの汽車ポッポー。ポーと鳴ったらかわりましょ。ポッポー、か～わって♪）

学んだこと！　幼い頃から単純な繰り返しの遊びに夢中になって、なかなか止めないことが多く、見ていて不安になるくらいでした。次の行動に移ろうとすると泣いてだだをこねるので、困っていました。しかし、急に終わりにするのではなく、本人が終わるまでの心の準備をするための「予告」が大切だと教えてもらいました。「予告」が心に残っていたらほめて、「また、やろうね」と声をかけるようにしました。夢中になりがちな遊びは、始める前に「○○になったら終わりにしようね」とあらかじめ伝えておくと、本人も心の準備がしやすいようでした。予告する方法は、小学生になった今も効果的です。

ここかな 2 肯定的なことばがけ

- ミニカーで遊び始めると没頭してなにも耳に入らなくなり、次の行動に移れませんでした。学校に行く時間になっても、お風呂に入る時間になっても、寝る時間になっても、ずるずるミニカーを並べているので、ついつい叱ることが多く、「ミニカーを全部捨てるよ」とどなることもありました。頭にきて、一度ミニカーを隠してしまった時、子どもがパニックになり、こんなことを繰り返していてはいけないと反省しました。
- 子どもが遊びに夢中になっている時は、終了に向けて、数回予告をするようにしています。「あと３回」と回数を決めた時は、「あと３回で○○ができたらいいね」と遊びにつきあい、最後は「おもしろかったね。またやろうね」と、次につなげるように声かけすると、子どもも自分を肯定された気持ちになるのか、片づけはじめてくれます。なにごとも小さな成功体験を重ね肯定的なことばをかけていくことが大切だと思っています。

学んだこと！ 肯定的なことばがけは案外難しいものですが、子どもが望ましい行動をしたら、それをそのまま口に出すようにすると良いそうです。つい小言ばかりいっていましたが、子どものことをほめられるようになったと感じています。

ここかな 3 子どもが自分自身で納得して終われるように

- 2歳の頃、自分では積み木で何かを作ることはできませんでしたが、親が積み上げた積み木を思いきり壊すことがおもしろいらしく、何十回もつくりました。また、ことばを発するのが遅く、テレビの子ども向け番組を一緒に見ていましたが、お気に入りの番組を繰り返し見たがり、録画をずっと見ていて、それ以外何もできない状態でした。「もう1回」がエンドレスな幼児期でした。今考えると、もっと良い声かけがあったのではないかと思います。
- 「先にごはんを食べてしまいなさい」と声かけしてもゲームに夢中で返事もしないことがあります。事前に「あと10分で終わり」と声かけする時に、しっかり伝わっているかの確認が大切です。生返事の時は、あとで「聞いていない」といい出すので、目の前でタイマーをセットします。何度かバトルしましたが、ズルズル延ばさないために、タイマーセットは1回だけが決まりです。親としては放っておくのが楽ですが、もともと行動の切り替えが苦手な子なので、やりたい気持ちをおさえる練習だと考えています。将来的には、本人自身で行動の切り替えができるようになってほしいと思っています。
- テレビを見ながらの食事はさせていないので、好きな番組があると「これが終わってから」といって食事の時間が遅くなるときがあります。10分ほどなら見終わってからでも問題ありませんが、1時間近くだと考えものです。そこで、見たい長い番組がある時は、食事の時間を前へずらすことにしました。番組が始まるまでに食べ終えようと、ダラダラせず食べるし、私も早く片づくので結構良い方法だと思っています。子どもも、「好きなことをする前にやるべきことを片づける」ということを意識するようになってきました。

学んだこと！ 好きなことや楽しいことをしていると、なかなか止められず、次の行動に移れないことがあります。「本人が困ったらできるようになるだろう」と思っていましたが、おとなになってもコントロールできず苦労している例があることを知りました。自分の気持ちを切り替えて、感情をコントロールし、望ましい行動をとっていくことは、集団生活・社会生活を送る上で大切になってきます。自分の行動を切り替えることができるようになるには、その「切り替えられた」という経験の積み重ねが大切だと思います。

3-4 時間経過やスケジュールの把握が苦手

もやもやエピソード

外出時刻が過ぎているのに、準備ができていないことがよくあります。○時発の電車に乗ったら△時に目的駅に着くということはわかるのですが、○時発の電車に間に合うように家を出る準備ができません。周囲からいわれて10分前に準備を始めるため、いつもバタバタしています。自分の行動にかかる時間の見通しが甘く、遅刻したり間に合わなかったりと失敗が多いのですが、失敗から学ぶということがありません。

ポイント1 「すること」の見える化

- 学校から帰宅後、宿題、食事、入浴、歯磨き、翌日の学校の荷物準備といった一連の流れがなかなか身につきませんでした。そこで、宿題を書き出して、全体量をマス目に見える化して冷蔵庫に貼り、終わったら色づけして残量を意識させるという対応をしました。気が散りやすいので、取りかかったらほめ、途中経過を見守り、終わるまで意識が途切れないよう寄り添うことを心がけました。自信をなくしてほしくなかったので、少しでもできていることや、やろうという気持ちを大事にしました。

学んだこと！ 小学校に入るまでは、「いっぺんにたくさんのことをいっても理解できないので、一つひとつ伝えるように」とアドバイスされていたので、目の前の行動をそのつど、伝えるようにしていました。小学校に入り、自分の行動の見通しをもつことも大切だと思い、何をどの順番でするかを見える形にしました。具体的に何をするか行動を明確化することが、時間管理の基本と思いました。

ポイント2 時間の見える化

- 小学生になっても、話す内容がわかりにくく、あれこれ質問し補足してやっと内容がわかる感じでした。帰宅後に「友だちの○○さんが学校でけがした」というので先生に確認すると1週間前のことで、日時に関係なく記憶がごっちゃになっている感じでした。本人はまじめでも時系列がめちゃくちゃなので、相手に誤解されるようなことが多々あり、友だちとトラブルになったりしました。小学生の時は、話の整理と代弁をしてくれるおとなの存在が必要でした。
- 小学生の娘の生活に合わせてつくった時間割ボードとタイマーを使い始めてから、生活がガラリと変わって驚いています。小学校に遅刻ばかりしていた娘が、時間割ボード通りに準備して、時間通りに家を出ています。タイマーも簡単な操作なので一度教えただけで、自分でセットしています。自分でセットすると、タイマーが鳴ったら次のことへ切り替えるという自覚も出てくるようです。
- 時計や時間の計算にはまったく苦労しませんでしたが、息子は時間の流れの感覚がわからない様子で、直前にあわてるタイプでした。中学では、定期試験の範囲を1週間で見直す方法がわからず、計画表を一緒につくって1日に見直すページ数を教科書で確認しました。高校・大学では試験や提出物などの準備計画を自分で立てることが習慣になりました。

学んだこと！ 子どもは、日常生活で経験を積んでいく中で、時間の感覚を身につけていくものですが、中には経験を積んでも時間の感覚をつかみきれない子どももいます。客観的に時間の流れを示してくれるタイマーは心強い味方になってくれます。今は、時間の見える化ができる便利なデジタル機器も出てきています。デジタル機器は子どものほうが得意なので、「子どもに教えてもらう」感覚で一緒に試しています。

ポイント 3　終了時間の意識化

- 朝は家族全員忙しいので、食べ終えた朝食の食器は自分で洗ってから、小学校へ登校することになっていました。しかし、「登校時間を守る」ことより「食器を洗う」ことを優先させるようになってしまい、登校の集合時間に遅れるようになりました。そこで子どもと改めて相談して、「家を出る時間の5分前には、何をやっていてもいったんやめること」「朝の食器洗いができない時は、代わりに夕食の食器を洗うこと」に決めました。食器洗いは他の時間でもできるけれど、登校班（通学団）の集合時間に遅れるとみんなに迷惑をかけることを話しました。「今していることを、いったんやめる時間」を意識させるよう、スマホのアラームを活用しています。

学んだこと！　本人にとっては、「〇時までに終わらせる」という時間感覚より「自分の決めたことを最後までする」ほうが大切というこだわりがあります。「自分の決めたことを最後までする」ことと、周囲に与える影響とが結びついていない場合が多いので、子どもが納得できるように説明するようにしています。

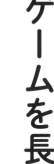

3-5 ゲームを長時間してしまう

もやもやエピソード

ゲームは楽しいので、何もいわないと起きている間ずっとやり続けます。あまり厳しく制限せず、宿題が終わったら夕食までオッケー、入浴がすんだら寝る時間までオッケーなど、生活上すべきことができていればよしとしています。あまり制限すると親子げんかのもとになるので、うまく折り合いをつけられれば良いと思っていますが、ゲーム優先になってしまうのではないかと心配な時もあります。

ここかな 1 ゲーム依存にならないために

● ちょうど小学校のPTAで「子どもがゲームに熱中して、いうことを聞かない」という話が出て講演会を開くことになり、講師から「ゲームにのめりこむ子どもは、人から認められる経験が乏しい場合が多い」という話を聞きました。日常生活や学校でつらい思いをしていると、ネットゲームの中に自分の価値を見いだして、現実逃避できるゲームに夢中になってしまうのだそうです。他にも、「自己コントロールが苦手」「一人遊びが好き」「興味あることに過集中」といったことが挙げられていました。それまで、わが家は親のパソコンを使わせているので大丈夫と思っていましたが、うちの子も気をつけないとと思いました。対策としては「子どもと一緒にルールを決める」「家の手伝いや習いごとなどで現実の成功体験を積み重ねていく」

「子どもとの信頼関係を築く」ということでした。高校生になり、スマホをもたせましたが、ゲームなどの使用方法について事前に話し合い、約束ごとを紙に書くことができて、まずは良かったと思っています。

学んだこと！ ゲームは、子どもにとって時間をコントロールすることが難しいものです。特に、時間の管理が苦手なわが子の場合、はじめの約束が大切だと思いました。ゲームをするのは悪いことばかりではないので、けじめのある方法でつきあっていけるような工夫が必要なようです。

ここかな 2 ゲームから気持ちを切り替える

- 幼い頃からテレビっ子でしたが、今はタブレット端末で好きな動画を見続けて、自分の課題ができない時もあります。親子で話し合い、課題が終わるまでは、動画はパスワードでロックをかけ見られないようにしています。
- 子どもがオンラインゲームに夢中でよく親子げんかになりましたが、サークル活動をするようになってから、オンラインではないゲームに戻りました。ゲームの時間が自分で決めやすいのだそうです。ゲームの時間もかなり短くなりました。彼にとっては、サークル活動のほうがゲームより楽しく、価値があるものになったようです。

学んだこと！ オンラインゲームは課金による高額な支払いが問題になっているので親も気をつけますが、「やめられなくなる」という意味では、動画サイトなどのネットサーフィンやネットに接続していないテレビゲームなども依存に含まれます。ゲームは楽しいので、そのゲームより楽しいことを見つけるのが、ゲームとうまくつき合うコツなのかもしれません。

ポイント1　おとなになっても依存症を回避できるように

- ゲームをする時のルールを子どもと話し合う時に、ゲーム依存症について親子でいろいろ調べました。調べたホームページの中には、おとなになってゲーム依存症になり大変な経験をされた方の話もあり、子ども自身も「ゲーム障害になりたくない」と思ったようです。子どもにとって、親が一方的にあれこれいうよりも厚労省などのホームページのほうが説得力がありました。子どもの時に依存症について知っておくことが、将来、役に立つこともあるのではないかと期待しています。

アドバイス　昼夜逆転や引きこもり、退学や失職など日常生活に支障をきたすゲーム依存。まずは、自分の生活リズムの乱れに気がつくこと、そして自分の生活を立て直そうと思うことが大切だそうです。本人にその気持ちがあれば、依存症を回避し、脱出できる方法は必ずあります。家族だけで抱え込まず、医療機関や相談窓口などに連絡を取ってみましょう。

COLUMN

ゲーム障害

「ゲーム障害」は、世界保健機関（WHO）が2018年の国際疾病分類第11版（ICD-11）に追加、2019年正式に承認された疾病です。

ICD-11による診断基準

下記の４項目が12か月続く場合、「ゲーム障害」に該当するとされています。

１）ゲームの使用を制御できない。

２）ゲームを最優先する。

３）問題が起きてもゲームを続ける。

４）ゲームにより個人や家庭、学習や仕事などに重大な問題が生じている。

（文部科学省平成31年3月リーフレット―「ギャンブル等依存症」などを予防するために―より）

1 ゲーム障害になると、脳の前頭前野の機能が低下

脳の前頭前野は、「理性」をつかさどっています。未成年者は前頭前野の働きが十分に発達していないため、ゲーム障害が起こりやすいそうです。

2 ゲーム障害の診断

ゲーム障害は上記の１）～４）項目が12か月以上継続した場合に診断されますが、重症の場合は12か月継続していなくてもゲーム障害と診断されることがあります。小中学生は短期間で重症化しやすい傾向があるそうです。

3 子どもをゲーム障害から守るには

一番良い方法は、ゲームを始める年齢を遅くすることだといわれています。始めている場合は、依存にならない工夫をしていくことが必要です。

第4章

清潔に過ごす

「からだを洗う」「髪を洗う」「歯をみがく」「顔を洗う」「手を洗う」など清潔に過ごすための動作はいろいろありますが、清潔は感覚的なことなので、教え方が難しいものです。どういう状態が「きれい」なのかも人によって違ってきます。

①指先を使ったり腕を動かしたり、動作にからだの細かなコントロールを伴う。
②触れる動作は人によって感じやすさや感じにくさが違うために、ことばで伝えにくい。
③多くの手順があるので、ひとりでできるようになるには、ある程度の期間が必要。

など、工夫と根気が必要です。みんなが健康に気持ちよく生活できるよう、早めに取り組み始めて経験を積み、「清潔」という感覚をつかむようにしたいですね。年齢が上がると、本人任せになりがちですが、上手にフォローしていきましょう。

4-1 洗顔や洗髪が嫌い

もやもやエピソード

顔に水がかかるのが大嫌いで、お風呂では髪を洗うのに大騒ぎでした。シャンプーハットも使わないよりはましといった感じで、少しでも水が顔にかかると泣き叫びます。顔は絶対に洗いませんでした。小学３年生になって自分でタオルを濡らして拭くようになりましたが、自分ではタオルを固く絞れないので、結果的にかなり顔を濡らした状態になっています。いつ頃から、水で顔を洗うことができるようになるのでしょうか。

ここかな 1 からだ全体の汚れを落とすのは高度なテクニック

- わが子の手の甲にただれのような箇所があり、何だろうと思ったら汚れでした。自分でからだを洗うようになっていましたが、まだ１人では汚れをしっかりと落とせないことに気づきました。不器用で自分のからだの大きさなどがわかりにくいため、意識を向けないと頭もからだもうまく洗えません。お風呂で、頭やからだの洗い方を見守り、最後に親が仕上げをするようにしました。洗い方のコツを本人にわかるように説明しながら、入浴時間が楽しくなるように心がけました。時間はかかりますが、子どもの様子を見ながら、少しずつ手を離していくことが大切だと思います。あせって急いでも、身につきませんでした。

伝えたいこと！ 入浴の際、少しずつ自分で洗っていましたが、おなかをなでておしまい状態でした。頭・顔・背中・

腰など、自分では見えないからだの部分を洗うのは、かなり難しい動作だそうです。腕をどう動かしたらこすれるか、どの程度の石けんの量できれいに洗えるのかなど、腕や指先の感覚を使う動作だからです。「自分で洗う」ことに興味をもち始めたら、親が洗うのを手伝いながら、気長に少しずつ教えていくことが、結局は自分できちんと洗えるようになる方法のようです。

ここかな 2　顔を濡らすことが怖い

- 出産後に、助産師さんが沐浴の仕方を詳しく指導してくださいました。ベビー石けんをしっかり泡立てて赤ちゃんの顔を洗い、頭を少し高くして頭から顔へ水を流すという洗顔の方法も教わりました。水温や水圧などに気をつければ、赤ちゃんは顔に水がかかることは平気だということでした。そのせいか、洗顔・洗髪で苦労したことはありません。どちらかというと水が大好きになって、いつも水遊びをするようになってしまったのは予想外なことでした。
- 洗髪の際、流し終わるまで目をつぶっていられるようになるまでは、目に入っても痛くないシャンプーとシャンプーハットは必需品でした。しかし、それほど長くかからずに目を閉じて息も止められるようになり、シャンプーハットは卒業しました。

伝えたいこと！ 洗顔や洗髪は乳児の沐浴から始まります。おなかの中では羊水に浸かっていたので、本来、乳児はそんなに水を怖がらないのだそうです。とはいえ、顔に水がかかるのを嫌がる時は、その原因に対応したほうが早く慣れるようです。

顔に水がかかる時に、息を止める場合は、秒数を決めて息を止める練習が効果的です。目に入ってもしみないシャンプーを使ってみる方法もあります。

ここかな 3

髪やからだを洗っている時、じっとできるように

- バタバタと常に落ち着かない息子。入浴も結構大変でした。髪やからだを洗っていても、すぐに立ち上がろうとするため、押さえつけながら手早く洗って流して終わりでした。自分で洗わせると頭頂部数回、からだも胸とおなかだけ数回こすって終わり。数をかぞえてもじっとしていないので、歌を歌わせることにしました。子ども番組の歯みがきの歌をからだバージョンに変えたら、すぐに覚えて歌いながら洗うようになりました。
- 風呂用の子ども椅子を購入してから、じっと座る場所と認識したのか動き回らなくなりました。

学んだこと! 浴室は石けんやシャンプーの泡で滑りやすく、危ない場所です。落ち着きのない息子をひとりでお風呂に入れるのが大変な時期がありました。一度、蛇口で頭をぶつけて軽いけがをさせてしまったことがあり、より安全な場所に子どもを座らせて洗うようになりました。

4-2 歯をうまくみがけない

もやもやエピソード

とにかく動き回る子だったので仰向けで口を開けて静かにしている歯科治療など絶対無理だと思い、幼稚園までは親がていねいに仕上げみがきをしていました。小学生になり、仕上げみがきは卒業ということにしましたが、自分ではなかなかうまくみがけません。「歯ブラシを細かく動かす」と教えても、１か所をちょこちょこ動かすだけです。歯の内側をみがくのに手首をうまく返すこともできません。毎日、朝食後と夕食後に歯みがきをしていましたが、２年生の歯科検診で虫歯が見つかってしまいました。

ここかな 1　集中力が続かない

- ４歳の息子、歯みがき仕上げの途中で、のけぞって起き上がろうとします。危ないので親の太ももで息子のからだを固定していました。たまたまもらった「歯みがき手順表」をもたせたところ、最後までおとなしくして見ていました。わかりやすいイラストで、親も仕上げの手順を確認できます。そのうち、手順表と歯ブラシを見せると、自分から横になるようになりました。

- 小学生の時、歯みがき時間の目安としてタイマーをセットす

るようにしました。大学生の今も、自分でタイマーをかけています。

学んだこと！ 正しい手順でみがくと、歯みがきの時間は10分ほどかかるそうです。歯みがきが適当になってしまうのは、集中が続かないからかもしれないといわれ、歯みがきアプリを教えてもらいました。ゲーム感覚で歯みがきを達成できるので、はまっています。

ここかな 2 刺激を感じやすい

- 歯みがき粉の味がダメでしたが、歯科クリニックで好みの洗浄剤の味を選んでくれました。今はその味の歯みがき粉を使っています。
- 2歳頃から歯みがきを嫌がり、口を開けようとしませんでした。ガーゼを指に巻いて口の中をマッサージするようにしていましたが、少しずつ柔らかい歯ブラシを併用して慣らしていきました。お医者さんから「過敏はそのうちおさまってくる」といわれました。小学校に入る時には自分でみがくようになっていました。
- 歯みがき粉の泡が苦手でした。泡の立たない歯みがき粉も試しましたが、液体歯みがきですすいだ後に歯ブラシをあてる方法に落ち着きました。
- 歯医者さんから電動歯ブラシを勧められました。刺激が強くないか心配しましたが、「やさしいモード」だけでなく「さらにやさしいモード」もあって大丈夫でした。歯みがきが身につくアプリもついていて、親子で楽しんでいます。

伝えたいこと！ もともと口の中は、食べ物以外のものに違和感を覚えるなど、刺激を感じやすいのだそうです。口の中が過敏だと、歯みがきにも痛みを感じることがあるようです。口の中の刺激は本人にしかわかりません。無理強いせず、毎日続けられる方法を探していきましょう。

ポイント 1　歯みがきは何年もかけて習得する動作

- 歯ブラシの柄を握るようにしてもつため、細かいところがみがけませんでした。「360度歯ブラシ」を試してみても、細かく動かすことができませんでした。小学校の歯科検診では、歯垢染色剤でまっ赤だったそうです。小学２年生から歯医者に月１回通い、クリーニングと歯みがき指導をお任せしました。虫歯も早めに治療してもらえるので、治療でも痛い思いはしていないようです。

学んだこと！　幼いうちから近くの歯医者さんに通って、虫歯にならないようにしてきました。フッ素を塗ってもらうだけでなく、歯科衛生士さんから歯みがきの仕方をていねいに教わりました。みがき残しのチェックもして、難しい場所の歯をみがく時の歯ブラシのもち方も教えてもらいました。小学校の歯科健診でも「キレイにみがけている」とほめられたそうです。

うがいができない

もやもやエピソード

何をしても不器用で、うがいもなかなかできず、周囲の子と比べてとてもあせっています。ブクブクうがいは水を吐き出さずに飲んでしまうか、口からほとんどこぼしてしまいます。ブクブクうがいができないので、歯みがきは歯みがき粉をつけず、歯ブラシでブラッシングするだけにしています。水を吐き出す時も「吐き出す」というより、顔を下に向けて、開けた口から「水が落ちる」感じです。３歳の誕生日ではケーキのろうそくを吹き消すことができませんでしたし、マグやストローで飲めるようになるのも遅かったです。ブクブクうがいの練習の方法を教えてもらいましたが、なかなかできるようにならないので、諦めて練習をやめました。

ここかな 1　まねをして学ぶ

- ブクブクうがいの「唇を閉じて左右のほおを交互にふくらませる」「唇をすぼめて口の中の水を吐き出す」という顔と口の動きが理解できないようでした。和菓子の底についている紙を一緒に食べてしまった時に、「ペッて出して！」と周りのおとなたちがやって見せたところ、ようやく口の中から吐き出させることができました。それから、ブクブクうがいができるようになり、「口やほおの動かし方がわかり、人のまねができるようになって、うがいもできるようになるんだ」と妙に納得したことを覚えています。

伝えたいこと！　口の中に入れたものを吐き出す動作は、「食べる」という本来もっている動作とは正反対なので、まね

をして覚えるのだそうです。まずはおとながやってみせ、まねをさせながら教えていくことで、できるようになっていきます。

ここかな 2 口や唇・舌の動かし方を学ぶ

- 「ブクブクうがい」「ガラガラうがい」も保育園で教えてもらって、できるようになりました。ラッパのおもちゃがお気に入りで、「家でプープーうるさい」と園長先生に話したところ、「息を大きく吸って吐くという動作の練習をしているのよ」といわれました。息を溜めて止めて口をすぼめて吹くには、口の周りの筋肉がついていないとできないのだそうです。よく噛まないで飲み込みがちな子や口が開きがちな子には、にらめっこで「アップップ」をして遊びました。ブクブクうがいの習得も「フグ」「タコ」とほおや唇の形を教えると早くなるそうです。「ガラガラうがい」は難しいけれど、インフルエンザ予防などのためにも、早くできるようになってほしいうがいです。保育園では上を向いて水を溜めて「あー」とうまくいえるようになると、みんな嬉しそうに「できた！」というそうです。
- うがいに必要な口の動きがなかなかできませんでした。考えてみれば、新生児はみんなそなわっているとされる「哺乳に必要な原始反射」もあまりなくて苦労しました。抱きにくかったし、母親の乳首のほうを向かせても探そうとしないし、吸いつこうともしませんでした。体重が落ちて混合栄養に切り替えましたが、母乳も半年かけて上手に飲めるようになりました。「お母さんは初めての育児だから、うまく哺乳できないのね」といわれましたが、うちの子は口や舌の動かし方、ものの飲み込み方など、すべて時間をかけて練習してできるようになったんだと思いました。その後の発達の過程を見ていても、器用にすぐに何でもできるようになる子もいるけれど、うちの子はすごくがんばって、いろいろなことを習得していることがたくさんあります。えらい、えらい。

伝えたいこと！ 子育ての本には「○○できるようになる」と書かれていますが、決して、ひとりでに勝手にできるようになるのではなくて、子ども自身があれこれ試行錯誤して学習した成果として「できるようになる」と感じることがたくさんあります。すんなりと学んでいく子もいれば、回り道をしながら努力して学んでいく子もいます。

もやもやエピソード

4-4 散髪が嫌い

5歳くらいまで床屋さんでの散髪は大変でした。カットする時は、私も店のローブを着て、子どもの膝を抱え込んで押さえていました。仰向けは嫌がりましたが、顔に水がかかるのは大丈夫だったので洗髪はうつ伏せで、それが難しい場合は切った髪の毛はドライヤーで飛ばしてもらっていました。息子にローブを着せた後、私がローブを着ているすきに逃走し、二人ともローブをはためかせて追いかけっこしたのは、今では楽しい思い出です。

ここかな 1 感覚が過敏

- 家で髪を切る時は、嫌がって大変でした。何もかも嫌なのだろうと思っていましたが、ポンチョタイプの子ども用散髪ケープを切った毛が下に落ちないへりつきのマントタイプに買い換えたら、座っていることができました。

  ポンチョタイプの時は、下に髪を落とさないように髪を強く引っ張り過ぎていたのかもしれません。あるいは、買い替えたケープの着心地が良かったのか、柄が気に入ったのか、とにかく落ち着いて髪を切ることができるようになりました。

学んだこと！ わが子にとって散髪は不快に感じることだらけでした。髪の毛を触れられ、つかまれ、引っ張られ、切った髪の毛はチクチク、耳元で冷たい感じのハサミが動いている状態なので、少しでも不快な時間を短くするように工夫しました。手早くすませられる散髪グッズを用意すること、不快な時間であることを忘れさせるように、お気に入りのビデオなどを見せること。この２つで、子どもの散髪を乗り切ってきました。

ここかな 2 バリカンの音が苦手

- 家で切っていた時は、はさみだけだったので、理髪店のバリカンは怖がるだろうと思い、前もって説明しました。家にはバリカンがないのでパソコンで動画を見せ、バリカンは髪の毛を切る道具で大きな音が出るけれど痛くないと話しました。音がしんどくなったら、途中で休憩していいとも伝えました。バリカンを使う前、理髪店のおじさんに「全然痛くない」と念押ししてもらうと、「やめてほしいときは、手を挙げます」といっていました。歯医者さんと同じような感じだと思ったようです。

学んだこと！ 「もう限界だ！」と思った時の意思表示方法を確認しておくことが大切です。「嫌だったら途中でやめてもいい」と伝えておくと、不安な気持ちが軽減されるようです。

ここかな 3 いつ終わるかわからないことが不安

- 最初は座っていても、時間が長くなるとじっとしていることができませんでした。そこで、髪を切る部分を決め、そこだけ切ったら終わりにし、

3日間かけて散髪しました。少しずつ慣れてきて、3回が2回になり、今では全部を1回で終えられるようになりました。

- 終了時間を決めて散髪していました。もう少し切りたいなと思っても、終了時間は守るようにしました。

学んだこと！ 本人にとっては楽しくない時間なのに、いつ終わるかわからないと不安です。終わると思って我慢していた終了時間を延ばしたりすると、次の散髪から苦労するので、終了時間は守るようにしました。散髪時間の見通しがたってくると、しだいに散髪にも慣れてきました。

ここかな 4 「初めてのお店」が不安

- いつも買い物に行くスーパーの中にある、理髪店で散髪しています。通路に面してすべてガラス張りで、混み具合が外から一目でわかります。子どもに「ここで髪の毛をカッコよく切ってもらおうか」と提案し、「入口で券を買って、ここの椅子で待って、順番が来たら向こうの椅子に座って、切ってもらう」と事前に何回か説明しました。自分より小さな子が座ってカットをしてもらう様子も見ました。髪を洗い流すこともなく、ドライヤーで吹き飛ばすだけの短時間で終わるので、それも良かったようです。店内の様子を確認できたのが、すんなり新しい店に移行できた要因かと思います。

学んだこと！ 子どもにとって不安なこと、「自分は何をされるのか」ということを納得してもらうことが大切でした。どんなことをするのかがわかると、素直に応じてくれました。事前準備と見通しは大切です。

トイレの失敗が多い

もやもやエピソード

大きな失敗はないのですが、本人も気がつかない少量を漏らしてしまうようで、下着やズボンが濡れています。濡れていることに気がつかないため、そのままソファーやカーペットに座って染みになることもあります。夏になるとにおいも強くなり、困っています。日中は尿漏れパッドを下着につけて様子を見ています。夜は水分を探知したら音が鳴るおねしょアラームを使用していますが、本人も大変なので、改善できるといいなぁと思います。

ここかな 1 尿を溜める量が少ない

- 夜尿や昼間少し漏らすことがあり、泌尿器科で検査を受けて薬を飲んでいた時期があります。夜尿は、朝「失敗した」と本人がいったら、妹にわからないようにさっと片づけて騒がないようにしていました。膀胱が尿を溜めにくい形だということをお医者さんから聞いたので、少しずつ膀胱が大きくなり溜められるようになるのを見守り、小学5年生ぐらいまでに良くなりました。4～5年かかりました。

学んだこと！ トイレの失敗が心配で頻繁にトイレに誘っていましたが、ある程度、膀胱に尿を溜める力を育てることが大切だと専門医の先生から教わりました。間隔をあけてトイレに連れていくようにして、尿を溜めることで膀胱が大きくなるそうです。成長するにつれてしだいに良くなっていきました。

ここかな 2 集中しすぎで、尿意に気がつかない

- 家にいる時は遊びに夢中で、あせってトイレに走っていく途中で間に合わないことがほとんどでした。遊んでいる最中に、もじもじしていたら「トイレかな？」と周囲が気づくのですが、そんなそぶりも見せず、あっと気がついた時は漏らしていました。親も頻繁に声かけをしていましたが、結局は行動の切り替えができるようになり、トイレの失敗も少なくなりました。

学んだこと！ 何かひとつのことに集中していると、他のことに注意が向かなくなってしまい、行動の切り替えができないためトイレに行けず漏らしてしまうことが結構ありました。トイレに気持ちが向くように好きなアニメのポスターを貼るなどの工夫をしました。

ここかな 3 飲み方や感じ方との関係

- コップで水を飲む時、一口ずつ飲み込むというより、一気に喉に流し込むような飲み方をします。食事の時にはかなりの水分量になるため、食後はたびたびトイレに行きます。夜起きられず、何回か失敗もありました。飲み物は一口ずつ飲む練習をして、就寝前には水分を控えるようにしています。
- 乳児の時から、おむつがびしょびしょでも泣かない子でした。パンツに

なっても、漏れてびしょびしょでも平気で遊んでいました。衣服の上げ下げも苦手です。不快感からトイレに行くことは無理だと思い、まずは濡れたら履き替えることを教えました。少しずつ「濡れていない感覚」がわかってきたようです。

学んだこと！ 水分の取り方にムラがあったり、濡れている感覚がわかりにくかったりすることがありました。間に合わなかった時の替えの用意など、失敗してしまった時の対応を教えることで、「濡れたままにしない」ことが身につくようになったと思います。

ポイント 1 専門医に相談する

- トイレが近く、いつもちょい漏れしています。出かける時は、常にパンツとズボンを３セットもち歩いています。小学生になっても治らないため泌尿器科で検査をしましたが、膀胱に尿を溜められないというような異常はありませんでした。脳内伝達物質の影響で過活動膀胱になっているということで、薬を処方してもらっています。バランスボールに座って骨盤を鍛えるという運動も紹介されました。薬を飲んでいるという本人の安心感もあるのか、以前よりトイレに行く回数は少なくなっているようです。

伝えたいこと！ 専門医からは、腎臓や膀胱の機能異常ではなく、排尿機能をコントロールしている大脳の働きに原因がある場合もあると聞きました。トイレの失敗は本人が一番ショックですし、いじめや不登校にもつながります。専門医と相談して、本人に寄り添っていくことが大切だと思っています。

4-6 入浴したがらない

もやもやエピソード

仕事から帰り、急いで夕食を作って食べさせ、さっさとお風呂に入ってほしいのに、小学６年生の娘は「これが終わってから」「寝る前に入る」といって、いっこうに入ろうとしません。「早く入りなさい」「わかった。もうすぐ入る」を繰り返し、返事がないので見ると居眠りをしています。「起きてお風呂に入って」「もういい。眠い」の応酬をして、やっと入ることもあれば、そのまま寝てしまうこともあります。だらしないなあと困り果てています。

ここかな 1 入浴中に嫌なことがあった

- それまでは入っていたのに、湯舟に入れようとすると泣くようになりました。そのうち、浴室へ連れていくだけでパニックになり、仕方なく沐浴で使っていたベビーバスを引っ張り出してきて座らせて、湯舟に入れていたおもちゃもベビーバスに入れ、お風呂タイムにしました。２週間ほどして、恐る恐る浴室に連れていくと機嫌よくおもちゃをもって入ってくれました。湯舟の何かが怖かったのかもしれません。

伝えたいこと！ 突然、お風呂を嫌がるのは、以前の嫌な記憶が残っているからかもしれません。「熱かった」「冷たかった」「何かビックリすることがあった」など、一度の記憶で「お風呂＝怖い」となって、嫌がることがあります。

ここかな 2 ただただ、面倒くさい

- 息子はルーティンに対するこだわりが強いのですが、試験前などで時間の余裕がなくなると、まず入浴の時間をカットします。試験前こそ入浴してさっぱりしたほうが良いといっても、耳に入りません。息子にとっては入浴も決まった手順で入らないといけないので、時間がかかると思うようです。時間がないからサッと洗ってサッと出る、という変更は難しいそうです。
- 小学生までは寝る前に入浴していましたが、中学生になると、お風呂に入ることを先延ばしするようになりました。なかなか片づかないので、とにかく帰宅したら「腹減った」といわれても、まずはシャワーを浴びてもらいます。気が向けば、もう一度寝る前に湯舟につかるときもあります。清潔には気を配ってほしいです。
- 以前は洗顔も入浴も親が声かけしないとしませんでしたが、ニキビができ始めてから、自分で専用のボディソープや洗顔料を買ってくるようになりました。自分から入浴、洗顔するようにもなりました。
- 小さい時からお風呂嫌いの子が小学4年生になり、突然、シャワーを浴びるようになりました。どうやらクラスで「おまえ、くさい」といわれている子を見たようです。夜は全身洗い、朝はサッと浴びるという要領も覚えていきました。

- お風呂嫌いを直すコツは、お風呂を楽しみにすることだという話を聞きました。友人の家では新築の際に浴室にテレビをつけたところ、子どもが競って入るようになったそうです。わが家では浴室用に防水ラジオを購入しました。野球中継の途中ではお風呂に入らなかった息子が、ラジオをもってさっさと入るようになりました。
- 大学生になり、親元を離れて一人暮らしを始めましたが、面倒くさいのか入浴していないことが判明しました。本人は「冬だし、汗をかいていないから汚れていない」といいます。人間は、生きているだけで体臭を発するのが、わかっているのか、いないのか……。「くさいと、友だちも嫌がるよ」と注意しても、「誰もそんなこといっていない」といいます。入浴しないにおいは周囲に迷惑だと思い、親として注意しました。結局、生活すべてがダラダラしていて、大学でも単位が足りず留年してしまいました。

学んだこと！　入浴の「服を脱ぐ」「髪を洗う」「からだを洗う」「からだをふく」「服を着る」といった手順一つひとつが、本人にとって面倒なようです。面倒だと思う行動を切り替えるためには、本人が「お風呂に入りたい」と思う要素が必要です。わが子の場合は「入浴中に音楽を聴く」がスイッチになりました。

4-7 汚れが気にならない

もやもやエピソード

服やもち物の汚れに気がつきません。幼児の頃から、服に土がついても、帽子がよれよれになっても、まったく気にしません。幼稚園のバッグも小学校のランドセルも汚れ放題です。用事で小学校に行くと、広い校庭で一番汚れている子を見つければ、それがわが子でした。学校のノートも教科書もプリントもすぐにクチャクチャになります。無理やり、机やランドセルに押し込み、物の扱いも乱暴です。

ここかな 1 汚れだと思わない

- 保育園の先生に「どうせ汚すから、うるさくいわなくても」と話したところ、「きれいにするためではなく、どういう状態が汚れているのかを教えていくために、汚れちゃったねと声かけするのです」といわれました。

伝えたいこと！ 人は視界に入るすべてのものが見えていても、意識として残らない、つまり「気がつかない」ことが多々あります。親にとってキレイにしなければならない「汚れ」は注意すべきものですが、子どもにとって「汚れ」は何の関心事でもありません。汚れに気づいてほしければ、「汚れ」の意識化が必要になってきます。身だしなみのチェックリストを活用するのも１つの方法です。

ここがな 2
周囲からどう見られているかが気にならない

- 「恥ずかしい」ということを理解するのが難しいので、「汚れがついていたら周囲の人が困る」と説明したら、初めて気がついたような顔をしていました。
- 何が「汚れ」なのかを教えていくためには、鏡で自分の姿を映し、チェックするのが一番早いと思います。実際に見ながら「服の汚れ」「ボタンが取れている」「縫い目がほつれている」ことをチェックします。本人には理解しやすいので、「ボタンが取れたのでつけて」といってくるようになりました。

ここがな 3　汚れが見えていない

- 幼い時から物の濃淡や細かいところがわかりにくいようでしたが、視力検査も、視野検査も問題ありませんでした。成人してから、明るい場所ではチカチカしてストレスを感じることがわかり、幼い頃から細かいところに目がいかなかった理由に納得しました。

学んだこと！　視覚に過敏さがあって、「コントラストが強くまぶしい」「色が消えてぼやける」「たくさんの点が見える」といった見えにくさがあります。「よく見なさい」と注意されても、見えていないことがあることを知りました。

COLUMN

お風呂に入りながら伝えたいこと

親と一緒に入浴している頃から、子どもがひとりでお風呂に入れるように準備をしていくといいですね。

その 1 頭やからだの洗い方

洗い方だけでなく、湯舟につかる前にシャワーでからだの汚れを落とすことなど、日本の入浴エチケットも教えておくといいですね。

その 2 湯舟につかる目安

湯舟で温まる目安を伝えておきましょう。季節に応じて、しょうぶ湯やゆず湯など、一緒に楽しんでもいいですね。

ゆったりつかりながら、入浴する理由も話してみましょう。

- からだが清潔になること
- からだが温まること
- 血行が良くなり疲れが取れること
- リラックスして良い気持ちになること　など

その 3 危険なこと

浴室での事故は多いので、危険なことを伝えておきましょう。

- 飛び跳ねたり、暴れたりしないこと
- 頭やからだを洗っているときに、浴室の椅子から立ち上がったりしないこと
- 湯舟の縁に立たないこと
- 湯舟のお湯の中に潜ったりしないこと

第5章

お金の管理

お金を得ること、お金を使うこと、お金を貯めること……お金の管理はなかなか難しい作業です。

子どもが小さいうちは、親が子どものお金の管理をすることが多いので、目も届きやすいですが、親と離れて行動することが多くなってから大きな失敗をして、がく然とすることもあります。そんなエピソードをたくさん盛り込みました。

お年玉やおこづかいに始まり、やがてアルバイトや就労と、成長とともに大きな金額を管理するようになっていきます。お金とのつきあい方は、年齢に応じて、成人するまでの長い期間をかけて学んでいくものといわれています。お金の使い方こそ、幼いうちから少しずつ教えていく必要があるのかもしれません。

また、キャッシュレス時代を迎え、暮らし方もスピードを増しながら、変化してきています。日常生活の中で試行錯誤しながら、親子で取り組んでいけるといいですね。

おこづかい

もやもやエピソード

兄弟で同じようにおこづかいを与えてきましたが、使い方はまったく異なりました。上の子は倹約家でしっかり貯金するタイプ。下の子は気前よく使うタイプ。小さい頃は、下の子のほうが心配でした。ふたりとも大学生になりましたが、今は上の子が心配です。

同じようなものを購入する時、上の子は自分優先ですが、下の子は「自分だけでなく家族や友だちも楽しめるものを」といった感覚があります。上の子は倹約というより、「お金を使うならやめる」ということが多く、世界が広がらず、友だちもいません。人生を豊かにするような使い方を、どのように教えたらよいのか悩みます。

ポイント 1

おこづかいはお金の管理の練習

- お金の管理ができないうちはおこづかいの金額は決めず、友だちと行く場所によって、金額を考えて渡していました。誰とどこで買い物をするといった友だちとの外出の様子がわかり、本人の使い方も知ることができました。小学校高学年までに一人で遠足のお菓子を購入できるよう練習し、中学校からおこづかい制にしました。おこづかいとして渡す前に、使い方を繰り返し練習できて良かったと思います。

- おこづかいを渡し始める時期は、近所の友だちと同じ頃と思っていたので、小学校に入学する少し前に、ママ友に聞いてみました。すると、「友だちと出かけるようになったら、もたせておかないと」や「上の子と同じように小学３年生から」という返事が多い中、「うちは、おこづかい帳をつけられるようになってからと決めている」というママ友がいました。「みんなと同じ」とか「まわりの状況」ではなく、子ども自身の成長を見て決めるという考えに、なるほどと思いました。

伝えたいこと！ おこづかいは、「いつから」「いくら」といった時期や金額に目がいきがちです。しかし、買いたいものとお金の価値との関係を学ぶ練習期間という視点をもつことも大切だと思います。

ポイント２　おこづかいを渡す時にルールを決める

- 小学生になった時、おこづかいを渡し始めました。小学１年生の時に、お手伝い１つにつき10円にしたら、張り切っていろいろ手伝ってくれました。洗たく物を取り込み、たたんで、しまったら10円。お米をといで炊飯器にセットしたら10円。お手伝いで貯めたお金は、自分で好きなように使っていいことにしました。小学３年生の時に、単価が低いと思ったのか「洗たく物は取り込むことと、しまうことを分けてほしい」といってきました。もちろんオッケーで、決めたこと以外でも何か手伝ってくれたら、おこづかいを渡すことにしました。高校生になるとクラブ活動で帰りが遅くなることが多く、月額定額制に切り替えました。お手伝いに対してお金を与えることには賛否がありますが、わが家では子どもがかなりの家事を引き受けてくれるきっかけになり、とても助かりました。
- 中学生の時に、お手伝いに応じたおこづかいを渡し、そのおこづかいで自分の携帯電話使用料を払わせることにしました。お手伝いを欠かさず毎日するようになりましたし、携帯電話も自分が払える範囲で使用するようになり安心しました。

伝えたいこと！　おこづかいを使う時のルールと同じように、渡す時のルールも決めておきましょう。ルールは、子どもとよく話し合って決めることが大切です。おこづかいで買うものの範囲だけでなく、友だちとの間での貸し借りはしないこと、おこづかいが足りなくなった時のことも決めておくと、何かあった時、子どもが判断する際の助けになるといいます。何よりも「おこづかいを渡すのは、あなたを信じているからだ」と伝えると良いと思います。

5-2

お年玉やお祝い金

もやもやエピソード

息子は物欲もなく、お金はほとんど使いません。幼い頃から、いただいたお年玉も全額貯金して使うことがなく、お年玉で買い物をするといったこともありません。

おこづかいで父親と東京旅行をした時は７～８万円程かかったはずですが、何にいくら払ったのか把握できていませんでした。１万円以上になるとお金の感覚がわからないそうで、大きな金額支払いの経験が必要だと感じました。貯金をせずに使ってしまうのも困りますが、買い物経験が少なく、おとなになってから大きな金額の失敗をしてしまうのではないかと不安です。

ポイント１　大きな金額の管理を学ぶチャンス

- 学生の間は大きなお金は親が管理し、必要な時に渡していました。今は社会人になり毎月収入がありますが、おこづかいと家に入れる食費を銀行からおろした後は、いくら貯まっているかなどまったく無頓着です。

定期預金のことなど興味がなく、「将来を見越して」といったことはわかっていないようです。子どもの時から、お年玉などを利用して、預金の仕組みなど、ある程度のお金の活用がわかるようにしておけばよかったと思います。

伝えたいこと！ 家族で将来の話をする中で、目先のお金の管理から、貯金なども含めて大きなお金の管理に移行できるよう進めていくことも大切です。

ポイント2 貯金する場合も子どもと話し合う

- 幼い頃から、お年玉は本人の口座に貯金してきました。中学生になったので、親ではなく本人に入金させようと思い、本人名義の通帳を渡しました。通帳には誰からいただいたものか書いてあったので、生まれてからの振り返りになりました。子どもには「ありがたいことだね。高校や大学に進んだ時に役に立つね」と話しました。
- 小学２年生の時、学校にお年玉をもっていってしまい、先生から注意されました。なぜ学校へもっていったかたずねると「友だちに自慢したかった」と泣きながらいいました。お年玉の扱い方について話し合い、手元に残すお金以外は通帳をつくり貯金をすることにしました。親が代わって貯金した時は本人が通帳で確認することも覚えて、自分のお金を意識するようになりました。

  お年玉を学校にもっていったのは親の想定外でしたが、注意点も伝えるべきだったと思いました。しかし、この時にいろいろ話したことで、今のところお金の使い方で心配することはありません。お金の使い方はさまざまですが、うまく使って人生を楽しんでほしいと思っています。
- 中学生の時に「早く一人暮らしをしたい」というので、部屋を借りて一人暮らしを始めるにはいくらかかるか、親子で試算しました。「かなりかかるんだ」と本人は驚いていましたが、「お年玉を貯めていけば夢じゃない！」と励ましたところ、がぜんやる気になりました。いつまで続くのかと思いましたが、目標があるとこんなに違うものか、小学生の時には考えられないほど、お年玉全額貯金が続いています。

伝えたいこと！ お年玉や入学祝いなどは、親が管理して貯金という場合も多いと思います。子どもの将来のための貯金だと思いますが、せっかくのチャンスなので、本人の進学希望や将来したいことなどを話し合って、「何に使う予定の貯金」かという具体的な目的をもつと、ぐっとお金が身近になってきます。

ポイント3 お年玉の使い方にこそ計画性が求められる

- スケジュール管理が苦手な息子ですが、自分の予定を把握するためにパソコンのスケジュール表を活用することにしました。ついでに、それに使う予算額を入れる欄をつくりました。かなり先まで入力することができ、お年玉残額も出てくるように数式を入れたので、お年玉をどこでどう使うかわかりやすいようです。以前ほど衝動買いをしなくなりました。

伝えたいこと！ 計画を立てたり予測をすることが苦手だと、少し大きめの金額があると衝動買いをしたり、ほしいという欲求をおさえられなかったりすることが多いようです。働き始めると、「自分で働いたお金で買うんだから」と好きなゲームに全額つぎ込んでしまうという話も聞きます。少し大きなお金の使い方こそ、計画性が求められます。

おこづかい帳

もやもやエピソード

おこづかい帳を記入していますが、つけ忘れがあり、残金とまったく合いません。１か月の支出と残金が合っていれば翌月のおこづかいを渡すルールにしましたが、適当に記入して残金合わせをするので、何のためにおこづかい帳をつけているのかわからない状態です。

毎日の記帳と財布の中の整理を続けるだけでも意味があるのかもしれませんが、親子のギスギス感が強まるばかりです。子どもに合った方法がなかなか見つかりません。

ポイント１　記帳が苦手

- おこづかい帳をつけようにも、いくらの商品を買ったのかわからないと始めようがありません。まずは、買い物をしたら、レシートを財布の中に入れて取っておくことから説明しました。
- 小学５年生頃から、ちょっとしたおつかいを頼んだ時に、自分のおこづかいから立て替えてくれることがありました。そのつどレシートを見て精算していたのですが、おこづかい帳に立替払い欄をつくり、会社のように確認印を押して立替金を渡すようにしました。おとなになった気分だったのか、記帳が続くようになってきました。

学んだこと！ おこづかい帳が数日で放りっぱなしの子どもにガミガミいうのではなく、「さっき買ってきたもの、おこづかい帳につけようか」と声かけしたり、記帳につき合ったりするなかで、いつの間にかできるようになっていました。“継続は力なり”です。

ポイント 2　アプリを使う

- わが家では、小学 5 年生と中学 2 年生の子どもに、子ども向けおこづかい管理アプリを使わせています。収支をグラフで示してくれるので視覚的にもわかりやすいです。
  下の子には簡単なグラフだけですが、上の子にはカテゴリーに分けた円グラフが出るものにしています。貯金額が増えるとキャラクターが成長するゲーム的要素もあるので、子どもが飽きずに長続きできるようになっています。年齢に応じたものがいろいろあるので、子どもの成長に合わせて使っています。
- おこづかい帳より先に財布の残高をチェックする習慣をつけようと思い、毎日いくらあるかかぞえて、日付と残高のみ記入することから始めました。「使える金額が、あといくら」のほうが子どもの関心は高いし、残高の把握ができて良かったと思います。

伝えたいこと！ おこづかい帳の記入は、毎日几帳面に行動することが苦手な子どもには面倒なだけで、決して楽しいことではありません。挫折せず続けていくには、楽しい作業にすることが大切です。

ポイント３　おこづかい帳からお金への意識を育てる

- 小学生の時は毎週日曜日に100円玉１枚を渡し、貯金箱に入れ一緒におこづかい帳につけました。何か買った日と月末日に貯金箱の中のお金とおこづかい帳の金額が合っているか自分で計算、確認していました。
  　中学生になり、おこづかいを月１回にしましたが確認方法は同じです。時々貯金箱を確認後、戻す時に小銭が落ちていることもありましたが、最近は注意深くなったのか、そのようなこともなくなりました。少しずつお金を大切にすることも身についてきました。
- 最初は、おこづかいの使い道だけを記帳させていました。中学生になり、わが家の経済的なこともわかってもらいたいと、本人にかかるお金の金額を別記帳のように書くようにしました。学校に払う費用、塾代といった個人にかかる費用です。家計のことも「相談会」として子どもに話すようにし、いろいろ理解してもらいました。進路について「行きたい高校があったら行ったらいいよ」と話した時、「学費とかいろいろ考えないとだめでしょ」といわれてしまいました。
- わが家では、おこづかい帳をつける習慣がつかず、小学校高学年になると雑費という項目も覚えて、それだけでおこづかい帳がうまることも多くなってきました。
  　話し合ってレシートを貼る作業に変更して買い物に行った時もレシート請求というルールにしました。まずは、お金を意識することから始めました。結果的におこづかい帳記入は、実現しませんでしたが、一人暮らしの今は、家計としてパソコンで管理できるようになりました。

伝えたいこと！　子どもがおこづかい帳をつけ始める時、収支を合わせるだけでなく、お金のことについて子どもと話し合うことでお金とのつきあい方を学ぶ第一歩にしたいものです。

5-4 キャッシュレス決済

もやもやエピソード

中学生の息子が携帯払いでいろいろ購入していることがわかりました。一度購入できたら一気に歯止めがきかなくなったそうです。どれくらい使ったのかもまったく把握していませんでした。

小学生の頃にスマホを渡した時はそんなことするはずがないし、できもしないだろうと思っていました。友だちから教わったわけではなく、「検索したら出てきた」といいます。子どものスマホの知識は親が追いつかないほどに増え、いろいろな操作を簡単にしています。子どもを信じたい気持ちと何かしているのではないかという不安が混ざって、子どもに何を教えたらよいのかわからない状態です。

ポイント 1

キャッシュレス時代のおこづかい

- 小学４年生頃から塾に通う都合上、おこづかいとしてチャージした交通系ＩＣカードを渡しました。視覚的にわかる現金のほうが良いと聞いたので、子どもと一緒にカードに現金をチャージし、金額を把握しやすいように週払いにしました。週払いだと、足りない時も１～２日すれば次の週の分が入るので我慢しやすかったようです。

伝えたいこと！ 社会はキャッシュレスの時代を迎えています。キャッシュレスを教える前に、自分でお金を使う経験が大切で、「使うと減る」ことや「足りないから買えない」ことも経験しておきたいです。キャッシュレスのしくみがわかった上で利用すれば安心ではないでしょうか。時代に合わせたお金の扱い方が必要になっています。

ポイント 2　キャッシュレスの「見える化」

● 小学生の子どもが習いごとを始める時、現金ではなくプリペイドカードをもたせることにしました。親も会員ページから支払い履歴を確認することができますし、子どもが利用するたびにメールが送られてくる設定にしました。現金を多くもたせるよりも安心だと思います。プリペイドカードを紛失してしまう恐れはありますが、高額を入れるわけではないし、紛失は現金でも同じことです。ただ、使ったお金が実際に見えないので、プリペイドカードを使った時は、現金以上に収支を把握することが大切だと思います。

子どもとは週に一度、親がもっている履歴と子どものつけた収支の突き合わせ確認をしています。キャッシュレス決済では、子どもが高額なものを購入してしまったりするトラブルがたくさんあります。親がチェックしていることを子どもも知っているので、今後行動範囲が広がった時にも歯止めになるのではないかと考えています。

- 子どもがスマホに入れたいゲームアプリがあるといってきました。「ゲームの課金はいけない」と教えていますが、高額請求の課金トラブルの話も聞くので、おこづかいとしてプリペイドカードを購入し決済することにしました。親が把握できないお金の流れはつくらないようにしてきましたが、オンラインゲームの仕組みなど親には少し理解しにくいことです。普段から子どもと話し合えているかが大切になっていると感じています。

伝えたいこと！ キャッシュレスでは金額は数字の羅列です。お金として数字が動いていく流れは、実態として把握しにくいものです。特に、したいことやほしいものを前にして欲求を抑えられないと、収支を考えることが難しく、大きな負債を負ってしまうことも珍しくありません。

キャッシュレス時代を迎え、現金決済ができない場合も増えてきています。キャッシュレスを使いこなす知識と方法を子どもたちに教えていく必要があります。

5-5 金銭感覚を身につける①（日常使いの金額）

もやもやエピソード

お金についてママ友と話した際に、みんなの悩みは「使いすぎてしまう」でしたが、息子は「使えない子、使わない子、親にねだる子」でした。ほしいものがある時は、必要な理由をあれこれいってきますが、自分のお金は使おうとはしません。専門家から「自分のお金を使えない子は使えるようになるまで時間がかかるものです」といわれ、どうしたら使える子になるのか悩みます。

ここかな 1 お金を使うことに慣れていない

- ひとりっ子で、小さい時からゆったりと育ってきました。お金については、おこづかいも親が通帳に管理して、使う時には理由を聞いて渡すことにしていました。ある時、通帳が引き出しからなくなっていて、聞くと高額の電車の模型を買うのに使ったとのことでした。幼い頃から鉄道マニアだったため、親も鉄道に関するものは割と甘く買っていました。キャンセルは私がしましたが、本人がすれば、お金の使い方をもっと理解することができたのではないかと反省しきりです。
- 息子は、自分のお金が減ることに抵抗感があり、お金を使うことに慣れるために、家の買い物を頼むことから始めました。お金の扱いに少しずつ慣れて、それに伴い自分のお金が減ることの恐怖も和らいだようで、だん

だんと自分のお金を使えるようになっていきました。

伝えたいこと！ 使いすぎる子、使えない子、親からすれば、ちょうどいい子はいないのか?? などと思ってしまいますが、お金の使い方はさまざまです。わが家なりの工夫で、あせらず希望をもって、できるところから経験を重ねていくことも大切だと感じました。

ここかな 2 物欲がない

- わが子は、あらゆる欲があまりないタイプです。そのため、おこづかいやクリスマス・誕生日プレゼントですら、「どっちでもいいや」と高校2年生の今も、はしがりません。服も買うことをすすめても「もったいないからいいや」と最低限の物しか買いたがりません。倹約という点では良いことですが、将来、「就労＝お金を稼ぐ」という意欲に欠けるのではないか、そもそもお金の管理がずさんにならないかという不安がよぎり、お金の大切さ（ないとどんな状態になるのか）については、よく家族で話すようにしています。
- お金に興味がなく、このままいけば金銭感覚や自立心が育たないことが気がかりだったので、本人から見えるところから私が見守り、おつりが出るだけの余裕あるお金をもたせ、商品1つだけレジで買うことからスタートしました。

伝えたいこと！ お金を使うときのドキドキ・ワクワク、使わないで我慢する、どちらも子どもの成長に必要な経験かもしれません。なかなかお金に興味をもてない時は、興味があることや好きなものを伸ばすことにお金を使ってみることも一つです。

ポイント1　身近なことからステップアップ

- ３歳の頃、何でもほしがるので、「お金を払うことがわかっていないかも」と思いました。それで、一緒に買い物をした時は、「今日は大根が安いから買っていこう」など声かけをして、支払うところを見せ、お金が身近になるよう心がけました。
  「わが家はお父さんが働いたお金で生活をしている」「使えるお金は限られている」ことも伝えてきました。５歳頃になると「今日のおやつの予算は100円」と伝え、自由に使うことを教えました。あの時の子どもが目を輝かせて選んでいる姿は忘れられません。お金は一生のテーマです。ゆっくりゆっくり、時には楽しみながら、大切に育てたいと思っています。
- 数に対する概念がなく、買い物でも高いか安いかわからず、手持ちのお金で購入できるかも把握できていませんでした。遠足のおやつを友だちと買いに行きたいけれど、金額とお金の出し方に自信がもてず、買いに行けないこともありました。家では買い物の本、おもちゃのお札・小銭を使って、お札でおつりが出ることを遊びながら何度も繰り返しました。

アドバイス　「500円のお菓子を３個買いました。いくら払えばいいでしょう」「5000円札を出しました。おつりはいくらでしょう」このような算数の問題がとけることと、金銭感覚があることとは違います。実際の生活では、「そのお菓子は500円という値段で適切なのか？」「３個も必要だったのか？」とか「お菓子ではなく、お弁当だったら500円でオッケーなのか？」といった「購入額と買うものの価値」について教えることも必要になってきます。

5-6 金銭感覚を身につける②（大きな金額）

もやもやエピソード

入社して数か月後、娘が宝石店で180万円のダイヤモンドネックレスをローンで予約購入してきました。その場では口座番号がわからず、店から問い合わせの電話が来ることになっていました。翌日、ちょうど宝石店からの電話に親が出て、値段を聞いてビックリし、すぐキャンセルしました。後日、宝石店が倒産し、悪徳商法で多くの被害者が出たことを知りました。娘には180万円がどれだけ大きな金額かを話し、高額な品を購入する時はすぐに決めず、必ず相談することを約束しました。

友だちがいなくて寂しい日々を過ごしていたので、優しく友だちのような口調で近づく販売員に勧誘されて、うれしくなったようです。小さい頃からお金の使い方は教えてきたつもりですが、もっと広い意味で「金銭感覚」を養っておく必要があったと思いました。

ポイント1 計画性をもつ

- カメラ、自転車……ほしいものがたくさんあり、毎日、親に訴えてきました。そこで、「自転車は前からの約束なので買う。カメラは貯金して買うか、大きくなったら働いて買う」と伝え、自転車は一緒に選び、値段がどれだけ高いものか体験しました。

　そして、次にほしいものがある時にはカタログを見て、店員さんに説明をしてもらい、質問をすることが買うまでの楽しみとなり、時間をかけて検討しています。
- わが家では高価なもの（１万円以上）がほしい時は、誕生日かクリスマスまで待ってプレゼントとして親が購入することにしています。それでもほしければ、本人の貯金から半額出して購入することを提案して、本人に決めてもらいます。

伝えたいこと！ 子どもにお金を教える時に必要なことは「計画性」と「価値観」から考えるとよいそうです。お金を使う時には、どのように使ってどのように幸せを感じるかで使った価値が出てきます。そのためには、経験が必要です。たとえ失敗をしてもその経験を今後に生かすことで、人生も変わっていくでしょう。

ポイント2 本当に必要なものか、もう一度考える

- 高校を卒業した頃、通信販売で5万円もする特大の家庭医学の本を買いました。親から見れば、明らかに高齢者向けで、ネットで何でも調べられる時代には必要と思えないものでした。親が介入すれば、返品することもできたのかもしれませんが、あえてここは返さず、本人に全額払わせました。5万円の授業料を払ったことで、お金が減った実感をもてるようになりました。
- 小学3年生頃から、自分のおこづかいという範囲を超えて、日々の食品、家電や家具など割と大きな買い物まで子どもの意見を聞くようにしてきました。家電や家具などはインターネットや通販で購入するにしても、一度量販店に足を運んで、同じ用途の製品でもいろいろな種類があるのを見せるようにしてきました。結構、社会勉強になったと思います。

学んだこと！ 大きな金額のものほど、支払い額が妥当なのか判断が難しくなります。「大きな金額の買い物をする時は、数日かけて調べてから買う」というルールにして、衝動買いを防ぐことができ、本当にほしいものなのか判断もつきやすくなりました。

5-7 現金の扱い方

もやもやエピソード

支払いの時、毎回お札を出すので、財布に小銭がジャラジャラ溜まっていき、パンパンに膨らみ、レジで支払いのお金を出すのに手間取って時間がかかります。とても不器用なので何回か財布の硬貨をばらまいてしまい、みんなで拾ったことも……。プリペイドカードを使えば小銭が溜まる心配はありませんが、それはそれで、本人が支払い額を意識しなくなることが心配です。

ポイント 1 小銭が溜まってしまう

- わが子は、買い物で支払う金額をいわれても、財布の中からどう硬貨を組み合わせて払えばよいのかとっさに判断ができないため、500円玉か1000円札を出しておつりをもらっていました。

小学6年生になった頃、小銭が溜まってくると、「両替してほしい」といってくるので、まずは同じ種類の硬貨を10枚ずつまとめて置くことを教えました。そこから、硬貨の

種類を組み合わせながら、順に大きな金額の硬貨に両替していくようにしました。そのうち、細かい金額をいわれても、手もちの小銭からきっちりの金額を出せるようになりました。402円の時は、500円と１円２枚を出したら、おつりが100円１枚になるので、小銭が増えないことも教えていきました。以前は、自分の財布に小銭がどのくらいあるのか把握していませんでしたが、今は私が細かい金額に両替してほしくて、「10円玉ある？」と聞くと「５枚か６枚、あったかも」と答えるので、払い方を意識しているのだと思います。

- 息子の引き出しの中には小銭が山ほどありましたが、それを本人がうまく使いこなせるように……と考えたことはありませんでした。小・中学生の頃はおこづかい帳をつける時に、山ほど小銭をかぞえて残高確認をすることが大変なので、10円10枚をもってくれば親が100円玉に替えていました。今は小銭を溜め込んでいる様子はないので、適度に使えているのだと思います。

伝えたいこと！ 小学校低学年の算数セットの中に、お札や硬貨（の教材）が入っていて、数の概念の学習で使いますが、授業では実際に手で扱って組み合わせる時間は十分取れないようです。両替の時に、お金の種類を組み合わせる練習をしていくことで、少しずつお金の扱いにも慣れていきました。

ポイント２　財布の中を整理する

- 子どもの財布を買う時に、外見や色だけでなく、お金を取り出しやすいものを選ぶように話し、おとなが使うような二つ折りのものに買い換えました。

　「中がゴチャゴチャした財布に、お金は溜まらないんだって」と話すと、毎晩、小銭を500円玉・100円玉とそれ以外に分けて整理しています。お金が見えやすくなったようで、支払う時にもスムーズになったそうです。

- 子どもが小学生の時は財布にお札は入れなかったので、小銭が取り出しやすい形の財布を使っていました。中学生になり、1000円札ももつようになりましたが、お札は折って入れるタイプの財布だったので、扱いが不便そうでした。今は、お札を折らずに入れられる財布を使っています。レシートがクチャクチャにならないから気に入っているそうです。レシートがクチャクチャだと、おこづかい帳をつけるのが嫌になるようです。

伝えたいこと！ 使いやすい財布選びも大切ですが、中の整理も大切です。整理されていると、使った金額と残高の概算が把握しやすくなります。

COLUMN

お金を使う意味

金銭感覚を身につけるというと、ついつい節約のほうに目が行きがちです。しかし、人に払ってもらうことに平気になったり、何でも損得勘定で考えてしまうようになっては本末転倒です。お金を使う意味についても、幼い頃から考えてほしいものです。

海外の教育テレビでは、子どもに３つの貯金箱を提案していました。

貯金箱 1　for you（誰かのため）（寄付）

貯金箱 2　for me（自分のため）（支出）

貯金箱 3　for later（未来のため）（貯金）

３つのビンを用意して、分けて貯金していく方法です。

その時の収入の内容、社会情勢、自分の気持ちに応じて、３つのビンに貯金していくと、貯金やお金を使う意味について考えていくきっかけになるかもしれませんね。

第6章

コミュニケーションの基礎を育てる

子どもは、ことばによって自分の気持ちが伝えられるようになると、心理的にも安定し、周囲に認められることで、自分に自信をもてるようになっていきます。しかし、自分の気持ちがうまく伝えられないと、なかなか自分に自信がもてない状態が続きます。

コミュニケーションは、自分の気持ちを伝えることと相手のことを理解することの両輪で成り立っています。相手とコミュニケーションする方法は、ことばだけでなく、サインや絵カード、ジェスチャーなど、いろいろなものがあります。こういった方法をうまく使って、自分の気持ちを伝えるすべを身につけられれば、「相手に伝えることができた」という経験をたくさん積むことができます。それは自分自身を肯定することにもつながっていきます。

ことばが遅い

もやもやエピソード

ことばが遅く、2歳を過ぎてようやく単語を話しました。それからしばらくして散歩の時に電車が通り過ぎるのを見送って「あ〜あ、でんしゃ、いっちゃった」といきなり話しました。

ことばが遅く、乳幼児健診でアドバイスをもらっていましたが、ことばが出てくると保健所との定期的な相談もなくなりました。小学校に入ってから、乳幼児期の「ことばの遅れ」が原因と考えられる集団生活でのトラブルがいろいろな場面で出てくるようになりました。もっとしっかり療育の場とつながっていたら、子どもの小学校生活も違うものになっていたのかもしれません。

ここかな 1 「声かけ」のコツ

- 歩き始めるとあちこち動き回るので「ダメダメ」とか、遠くから「早くこっちにおいで」と叫ぶことが多くなりました。「全然いうことを聞かない」と保育園の先生に相談したところ、「遠くから叫んでも、自分にいわれていると思わないですよ」とアドバイスされました。それから、なるべく子どものそばに行ってから話すようにしました。いつも何かに熱中しているので、肩を叩いて名前を呼んで、こちらに注意を向けさせてから話すようにしました。
- 子どもに注意をする時は、しゃがんで子どもの目線に合わせるようにしていました。幼稚園の先生は、「今から大切な話をします」と声かけをして、こちらに向くことを確認していましたので、家でも同じようにすることから始めました。成長に伴い、自然に話しても集中できるようになりました。

- ことばの療育の先生から「CCQ」を教わりました。穏やかに（Calm）、近くで（Close）、静かに（Quiet）です。親の忍耐も必要でしたが、「子どもの行動に即座に反応するのではなく、深呼吸してから話すと、だんだんできるようになる」と教えてもらいました。まず「近くで」を心がけると、子どもとの距離が縮まるので自然と「穏やかに」「静かに」話すことができ、子どもも自分への声かけだとわかるようでした。
- 絵本を見ながら話したことは理解しているようだったので、声かけするときは、ことばだけではなく、できるだけ声かけの内容と関係のあるものを見せながら話すようにしました。

　お風呂で遊ぶおもちゃを見せて「お風呂に入ろう」と誘ったところ、すんなり入るようになったのですが、おもちゃを「お風呂」というようになってしまいました。そこで、おもちゃの写真と浴室の写真を2つ見せて、「おもちゃをもって、お風呂に入ろう」と修正していきました。おもちゃの片づけも完成図を写真で示すとその通りにするので、やはりわが子には目から入る情報のほうがわかりやすいようです。

学んだこと！ 話が子どもに伝わらない時は、「自分の話し方」を変えてみるのが良いと思います。声をかける時は、まず子どもが自分に働きかけられているとわかるように、しっかり子どもの注意を向けることが大切だそうです。そして、ことばだけでなく、身ぶりやお手本など目に見えるものを示します。長々と説明するより、短く具体的に話すほうがわかりやすいようです。

ここかな 2 音が聞こえにくい

- 生活のいろいろなことが身につかない子でした。幼稚園では先生や友だちが助けてくれて、それなりに楽しく過ごしましたが、小学校に入ると勉強面がどんどん遅れていきました。小学校高学年では、学校も親も「本人にやる気がないから仕方ない」と諦めぎみでした。

  中学１年生になり、夏休みの宿題をみてくれる塾に行かせたところ、塾の先生から「高い音が聞こえにくいといったことがありますか？」と聞かれました。先生の話では、隣に座って1対1で話すと理解が早い、また女の先生より男の先生の声の方が聞き取りやすそうだということでした。耳鼻科で聴力検査をすると、難聴だとわかりました。「バカだ」「やる気がない」と周囲からいわれ続け、本当にかわいそうなことをしました。

伝えたいこと！ 音がまったく聞こえないのではなく、ある範囲の波長の音しか聞こえなかったり、雑音が入ったり聞こえにくさがある場合も、ことばの遅れがみられます。本人にとっては、生まれてからずっと聞こえにくい状態なので、みんなと違うことはわかりません。また、何も聞こえていないわけではないので、周囲もなかなか気がつきません。乳児期の聴力検査も導入されていますが、心配な場合は、専門機関に相談してみましょう。

6-2 話し相手を見ることが苦手

もやもやエピソード

話し相手を見ることが苦手です。「話す時は相手の顔を見ようね」というと、何気なく見るのではなく、目を見開いてにらむように見てしまいます。相手に威圧感を与えるし、本人も疲れるらしく、話の内容が頭に入らないようでした。

まずは時々目を合わせる程度で良しとし、うなずくことと、うなずく時「なるほど」というと伝わりやすいと教えたところ、「なるほど」ばかりを連発するという失敗も……。何ごともほどほどが難しく、友だちに嫌がられないか心配です。

ここかな 1

話しかけられている相手を見ていない

- 子ども会の時に撮影した映像に、役員さんに話しかけられている息子が映っていました。いつものことですが、相手のほうを見ていないので、「せっかく話しかけてくれたのに、聞いていないみたいだよ」というと、本人もビデオを見て「ちゃんと聞いていたのに、この態度はいかんな」と驚いていました。いつものことなのに、自分で「これは腹立つなぁ」というのには笑ってしまいました。

学んだこと！ 「相手の話を聞く」ことと「相手を見る」こととの関連がわかっていなかったようなので、相手を見ることは「話を聞いている」というサインだと教えました。「相手の目をじっと見続ける必要はない」「話している人は、相手が自分のほうを見てうなずいていると、聞いてくれていると安心する」と話したら、納得したようです。

ここかな 2　人の目を見ることが怖い

- まずは、あいさつの時だけは相手の目を見るというように、短い時間ですむことから始めました。
- 周囲の人たちに「態度が悪くても、わざとではないから」と説明し、「私の顔を見てね」と本人に伝えてほしいと頼みました。
- 騒がしい場所が苦手で、人が多いところでは下を見ています。人と話す時もうなずくだけで、顔を上げようとしませんでした。人の少ない静かなところで話をして、相手の顔を見る練習から始めました。無理強いしなかったことが良かったのか、人と話をすることが楽しみになり、少しずつ顔を上げて話せるようになってきています。

学んだこと！　人の目に恐怖を感じる人もいるそうです。「話を聞く時は人の目を見る」ことを無理強いする必要はありませんが、子どもに話をする時は、おとなのほうが子どもと同じ目線になるように座って、手を取って話すと、子どもも目線を合わせやすいようです。

ここかな 3　自分に自信がない

- 家族で話している時は大丈夫なのに、外では弱気であまり話をしませんでした。話の要領を得ないので、友だちに「お前バカか」といわれることが多く、相手の反応が怖いようでした。
  担任の先生と相談して、授業で何か発表する予定がある時は、予習として家で練習することにしました。授業中にうまく発表できると本人の自信につながり、友だちにバカにされることも少なくなったようです。

- 引っ込み思案で弱気な息子。小学３年生の時に犬を飼うことにしました。犬の面倒をみるのは息子の担当ということで、しつけ教室に一緒に通って、犬への指示の出し方を教わりました。特にアイコンタクトが大切だと学んで、息子自身かなり積極的になりました。しつけ教室の先生がドッグ・アジリティ競技（犬の障害物競争）をしていることもあり、息子にも自分の犬と参加したいという夢ができました。意思を伝えることがうまくできるようになると自信がついて、人と話す時も、ハキハキと相手の目を見て話せるようになってきました。

学んだこと！　人の反応が気になって相手の目を見ることができない子どもに、「相手の目を見るように」といっても逆効果だと思い、まずは安心して話せるように、急かしたり、途中でさえぎったりしないようにしました。

ゆっくりでも最後まで話せたという経験の積み重ねが自信につながるようです。

いいたいことを伝えられない

もやもやエピソード

保育園では先生がクラス全体に話している時に、自分に関係あることなのかどうかがわからなくて不安になってしまうようでした。そのため、全体へのお話の後、さらに個別に声かけをしてもらっていました。小学校に入学してからは個別の声かけの必要性は減ってきたのですが、自分がどうしたいかを話すことはほとんどないことが、心配です。

ここかな 1 安心して話せるように

- 「図書館に行きたい」など簡単なことでも「ダメといわれたらどうしよう」と不安なのか、いいかけてはやめることがありました。心理検査を受けた時に「口に出して答えるのは難しいようですが、書いてもらうとできたので、理解できていますよ」といわれ、子どもにメモを書いてもらうことにしました。何度かやっている間に不安が少なくなり、ことばでいえるようになりました。また、「誰かに聞かなくても自分で決めていい」ということも少しずつ伝えていきました。
- なかなか自分から話すことができず、困った時やわからない時に助けを求められませんでした。小学校で配られたプリントが１枚足りないことがあったので子どもに聞いてみると、１枚ないことは知っていたけど、先生にいい出せなかったことがわかりました。

「先生はどんなふうに配ったの？」「いつ、１枚ないことに気がついたの？」と子どもにまくしたてて状況をたずねてしまい、どんどん委縮していく子どもの様子に、「困っていても助けを求められない原因は、もしかして私？」と思いました。

- 思ったことを口にできませんでした。親が子どもの思いに共感して、「〜だったね」「こんな風に感じるね」と、子どもの思いをことばにするようにしました。続けると、少しずつ自分の思っていることをことばにするようになりました。

学んだこと！ 消極的でなかなか話すことができない場合は、まず子どもが安心して話せる環境づくりが必要でした。子どもが好きなことを話題にすると、子どもも話しやすくなります。

ここかな 2 子どもの良いところをほめる

- 小学校に入学してやっていけるかどうか不安で、つい子どもを叱ることが多くなりました。子どもはなかなか生活のスキルが身につかず、親はますます子どもを叱ってしまうという悪循環に陥っていた時にペアレントトレーニング（子どもとのかかわり方を学ぶ勉強会）を知り、受講しました。それまで「子どものことは自分が一番知っている」と思っていましたが、子どもの良いところがまったく思い浮かびませんでした。乳幼児期は歩きはじめが早く、親の制止も聞かず走り回るようになり、何をいっても泣きわめく子どもを自分勝手な子と思っていました。ペアレントトレーニングで、子どもの行動を記録していくうちに、良いところを挙げられるようになってきました。「親の指示が何も入らない」と思っていましたが、ほめるところがたくさんあったことに気づかされました。

伝えたいこと！ 子どもの「できないこと」「やってはいけないこと」といったマイナスの部分ばかりが目に入ってしまうと、どうしても子どもを叱ったり注意したりすることが多くなってしまいます。毎日、子どもの良いところを一つ以上見つけることを試みるのもいいそうです。

6-4 会話が成り立たない

もやもやエピソード

息子は大学を卒業して就職しましたが、上司や同僚とうまくいかず、うつになって退社しました。職場では、取引先の話と本人の受け取り方が異なることが多く、先方からクレームが入って上司に怒られてばかりだったそうです。

今、考えてみると小学校でも中学校でも友だちができず、いつも一人でした。先生には「素直な子ですよ」といってもらえて不登校にならずにすみましたが、親との会話でもかみ合わないことがあり「そういうことじゃないでしょ」とカチンとくることがたびたびありました。社会でやっていくのは難しかったのかと、今になって落ち込んでいます。

ここかな 1

説明が足りなかったり、正しく理解できない

- ことばが出るのが遅く、幼稚園でのことば遊びにはまったく参加できませんでした。息子の話の内容がわかりにくいため、友だちとトラブルになることもたくさんありました。家でも、幼稚園の友だちの名前を初めて出したので、仲良しの友だちかと思い、その子を家へ招いたところ、園でトラブルのあった相手だったと後でわかったということもありました。
- 母「今月の懇談日決めるのに、お母さんの都合がいい日を連絡帳に書いておいたから、先生にちゃんと渡してね」
子ども「懇談日、いつ？」
母「だから、これからそれを決めるんじゃない!!」
といった疲れる会話が毎日あります。幼い子ならば「かわ

いい」ですみますが、中学生でもこの調子です。返事がズレていると思ったら、そのまま流さず、確認するようにしています。理解のズレを小さいうちに修正しておかないと、大きな失敗につながってしまいます。

伝えたいこと！ 子どもの会話能力は、周囲からのことばかけやさまざまな場面でやりとりを経験する中で発達していきます。会話は、常に新しい情報が加わり、その新しい情報をもとにことばを返すことでやりとりが進んでいくそうです。チグハグな会話は幼児期には誰にでも見られますが、成長とともに家族以外と会話をする機会が増え、会話能力も発達していきます。家庭での会話では、家族が本人の使っている意味を修正して補うため、そのチグハグさになかなか気がつきません。家の外で周囲とトラブルになる失敗をして、初めてことばの使い方に問題があると気がつくケースもたくさんあります。

ここがな 2 「話す」のは知識を教えるためだと思っている

- 自分の話したいことだけ延々としゃべるので、わが子の友だちはうんざりしていました。ソーシャルスキルトレーニング（友だちとうまくかかわれるようにするトレーニング）で少しは改善されましたが、まだ相手の話をきちんと聴く力は弱いと思います。
- 一方的に自分の興味関心のあることだけを話し、いい終わるとすぐにその場からいなくなることで有名でした。わが子の関心のあることを軸にして、会話のルールを教えていきました。

- 子どもが勝手に話し始めたら、ルールを確認し、人の話を聞くことができたらほめることを繰り返しました。「話し始めそう」と思った瞬間に先手を取って、「ちゃんと聞くことができて、えらい。さすがだね」と聞き上手なことをほめたりしました。

伝えたいこと！ 会話は話のキャッチボールだということがわからない場合があります。「キャッチボール」ということばをイメージしやすくするために、実際にボールをもって練習するといいようです。「ボールをもっている人が話をする」「前の人の話に関係のあることを入れて話す」「自分一人がボールをもち続けてはキャッチボールにならない」といった会話のルールを話すとわかりやすいそうです。

6-5 思ったことをそのままいってしまう

もやもやエピソード

わが家では食べ物の添加物に気をつけています。スーパーでジュースをかごに入れている人に「なんで果汁100%を買わないんですか」と話しかけることがあります。カップ麺を買い込んでいる人には「栄養がかたよりますよ」といって、怒られたこともありました。本人は正しい知識を伝えているつもりになっていますが、見知らぬ人に物おじせず話しかけてしまうので困っています。

ここかな 1

話して良いタイミングがわからない

- おとながあいさつしている時や子どもの失敗を謝っている時に、場にそぐわないことを話し出します。「誰かが話している時には話さない」というルールにし、あいさつ以外、黙っていることができた時はほめました。話さない時間を本人が意識することが大切です。

学んだこと！ 自分が話しても良いタイミングがわからず、友だちが話しているところに割って入ったり、大切な話をしている時に関係ないことを話し出したりすることがありました。相手が話し終えてから話すことや、相手が話を聞ける状況なのか確認するといったルールを教えていくことで、かなり良くなりました。

ここかな 2 苦手な状況から逃れる手段

- 小学校に入学して早々の朝礼が少し長引いた時、全校に聞こえるような大きな声で「もう、おはなしをやめてください！」と校長先生に向かっていったそうです。疲れて早く終わりにしてほしくて、思ったままを口にしたのだと思います。
  空気を読めないといえば読めないわけですが、正直といえば正直といえます。長男（兄）の同級生の中には、そういう正直な言動を小気味よく思う子もいたようで、後年バス停で再会した折に「弟は元気？」と声をかけられたそうです。弟のほうが印象に残っていたようです。
- お寺での法事の時、大勢の中で「なんでこんなことするのか、まったくわからん。死んだらただの“もの”なのに」と大きな声でいったことがありました。その場では黙るようにいい、少し離れたところで落ち着かせました。人が集まり、お経が響いているという苦手な状況に、イライラしたのだと思います。気に入らないことがあるとイラだって、ことばが悪くなる傾向があります。

伝えたいこと！ 子どもは成長するにしたがって、我慢しなければならないことがあるとわかってきます。しかし、自分をコントロールする力が育っていないと我慢できず、その状況から逃げ出すための方法として、思っていることをそのまま話してしまうことがあります。子どもが苦手なことをあらかじめ把握して、いつまで我慢したらよいのか見通しがもてるようにすると効果があります。静かにしていたら先にほめることで、我慢できる時間も長くなります。

ここかな 3 相手がどういう気持ちになるかわからない

- クラスメイトをいじめていると先生から連絡が入りました。相手に「鼻の穴が大きい」といい、まわりの子もはやし立て、周囲に受けたと思って毎日いい続けて、相手の子を傷つけていたとわかりました。本人を連れて謝りに行きました。謝っている時、初めは我慢して聞いていた相手の子が泣き始めたのを見て、相手の気持ちも考えず悪いことをしたと気がついたようです。

伝えたいこと！ 口に出すことで相手を傷つけてしまうことがあると教えていくことも、社会生活を送っていく上で大切です。周囲があいまいな態度をとっていると本人にも伝わらないし、周囲の反応だけを見て「そういうことばを口にしたら周囲から注目される」と誤学習してしまう危険性もあります。体型や容姿などについて相手を傷つけることばを口にした時は、はっきりと叱り、謝らせるなどして、絶対にいけないことだと教えていく必要があります。

ことばより前に行動してしまう

もやもやエピソード

友だちと積み木で遊んでいる時に、友だちが使っている積み木を勝手に取って、使ってしまいます。友だちが使っているものを勝手に取ってはいけないとさとすと、怒って自分がつくっていた積み木の建物を壊してしまいます。今のままでは友だちと仲よく遊ぶことができません。

ここかな 1　ことばのやりとりが苦手

- 小学校でクラスの子と頻繁にけんかをし、すぐに手が出て困りましたが、家では幼稚園の弟の友だちと遊び、「面倒見の良いお兄ちゃん」で通っていました。

  講演会で「小さな子相手だと、ことばでうまく説明できなくても自分のいうことを聞いてくれるから」と聞き、なるほどと思いました。担任の先生が、けんかの仲裁で子どもの気持ちを代弁してくれるようになって、かなり落ち着いてきました。
- 友だちとトラブルになった時は、学校が双方のいい分を話し合わせることを徹底してくれたので、反省や仲直りができるようになりました。家庭では、弟を泣かせた時は親が弟の気持ちを説明し、本人がとるべき行動を教えました。小学６年生頃から、会話で気持ちを伝えられるようになり、手を出すことがまったくなくなりました。

伝えたいこと！ 子どもがすぐに暴力を振るってしまう場合、ことばのやり取りが苦手で、自分の思いを伝えることができないことが考えられます。イライラする気持ちを汲み取って、「○○って伝えてみるのはどう」と具体的ないい方を教えるといいようです。

ここかな 2 ことばより先に行動してしまう

- わが子は、ことばより先に動いてしまうタイプです。幼い頃は、友だちと遊んでいて、「貸して」ということばと同時に相手の物を取ってしまうことがありました。相手は当然「取られた」と泣いてしまいます。「貸してくださいって頼んで、お友だちがいいよっていってから貸してもらう」と教えましたが、衝動的に動作が出てしまうところはなかなか直らず、友だちと遊ぶ時は目が離せませんでした。小学生になり、隣の席の子と「何でも勝手に触る」「見せてといった」といったトラブルになったことがありました。「見せてと頼んで、相手がいいよといってから、3秒待つ」「見せてと頼んでも、相手が見せたくないときもあるから、その時は触らない」といい聞かせました。

学んだこと！ 衝動的に触ってしまったり、取ってしまうことは、相手にしてみれば「乱暴」な行動になってしまいます。幼い頃は自分の欲求のほうが強く、相手のことを考えられませんでしたが、成長とともに、相手の返事を確認することが大切だとわかってきました。頼み方も「見せて」といった短いことばではなく、「これ、見せてもらってもいい？」といった文章になってきたので、相手も「取られた」という感覚にはならないようで、トラブルも減ってきました。

大切なことを伝えられない

もやもやエピソード

息子が小学生の時は、授業参観や懇談会に行くたびに、「そんなこと知らなかった」とがく然とすることが多々ありました。自分の名前の由来を聞いてくる宿題があったらしく、懇談会ではその時の話で盛り上がっていても、「それは、いつのことですか？」状態でした。また、9月の授業参観に合わせて、夏休みの宿題の工作が体育館でクラスごとに展示されたことがありました。夏休みにつくって学校へもって行ったはずなのに、なぜか見当たりません。先生に聞くと、「工作は壊れてしまったので、絵のほうを展示しようということになりました」とのこと。まったく知りませんでした。

ここかな 1 何が重要なのかわかっていない

- ことばが遅かったこともあり、幼稚園から帰宅したら、まずはその日のできごとを聞くことが大切だと思い、あらかじめ先生に園での様子を伺っておくようにしました。その情報をもとに、本人に質問したり、ことばにしたりするようにして、園でのできごとを伝える練習をしました。日常の中で、「伝える」ということがどういうことなのか、だんだんわかってくるのだと思います。
- 連絡帳に「予防接種申し込み」と書いてあっても、学校からのプリント自体がどこにあるのかわからないといったことばかりでした。プリントケースをつくって、学校で配られたものはすべてその中に入れるようにしました。試行錯誤の連続でしたが、学年があがるにつれて、「連絡すること」が身についてきたように思います。

伝えたいこと！　「伝えなければいけないこと」「伝えたほうが良いこと」「伝えなくても良いこと」の判断は、難しいものです。親にとっては教えてほしいことでも、子どもにとってはそれほどの関心ごとではない場合もあります。「連絡しないと困ることは連絡帳に書く」ことにして、その他は毎日の会話の中でコミュニケーションを育んでいく材料ととらえてもいいのかもしれません。

ここかな 2　自分の感情を自覚しにくい

● 幼児期からおとなしく、クラスでもいるのかいないのかわからないといわれてきました。小学校の学年が上がるにつれて勉強についていけなくなりました。中学生になると定期試験で成績がはっきりしてくるので、勉強ができないことで、つらい思いをすることが多かったようです。小学校の時から「なんで、みんなは教科書がスラスラ読めるのだろう。なんでテストの問題がスラスラ解けるのだろう」と思っていたようです。悩んでいることを親にもいえず、親もわかってあげられませんでした。自信がなくなり、体調の不調を訴えることが多くなり、中学校を休みがちになりました。高校は、自分なりの学び方と表現を認めてくれる場と出会い、本人も小学校・中学校時代がつらかったんだと認識できるようになりました。「つらいのか、しんどいのかもよくわからず、ただただ我慢していた状態だった」といいます。

伝えたいこと！ つらさを感じていても、それを表現できないだけでなく、つらいという感情を自覚しにくい場合があります。自分の苦しい気持ちがわからないままストレスとして抱え込んでしまい、大きな体調不良としてあらわれてくることもあります。おとなしくて、周囲に迷惑をかけない場合は、本人が抱えているつらさに周囲も気がつきにくいので、より注意が必要です。

6-8 伝えられないもどかしさ（かんしゃく・暴言・暴力）

もやもやエピソード

すぐ友だちをたたいてしまうので、友だちができません。たたくだけでなく、噛みついたりするので、「噛みつき魔」といわれています。好意的な笑いをバカにされたと勘違いして、一方的に手を出してしまうトラブルも。自分から手を出したのに、「相手が悪い」といいはります。すべて周囲のせいにして、ますます孤立していく状況をどうしたらいいのか悩んでいます。

ポイント 1 子どもの気持ちに寄り添う

- こちらの話すことは理解しているようでしたが、何かいいたいことがあってもことばが出てこない感じで、ことばによるコミュニケーションがうまくいかないことがよくありました。3歳半くらいの時に「お水ほしい」というので親がコップに水を入れてやると「いらない！」といって怒りだしたことがありました。後から思うと「（自分で水を汲みたかったので、親が汲んだ水は）いらない」という意味だったようです。
- 何かにつけて大泣きする息子に、ほとほと疲れ果てていました。「ことばでいえるようになると、おさまってくる」と聞き、ことばの指導をしてくれる教室にも通いましたが、本人は行くのを嫌がるばかりで、ますます状況が悪化。親の方も諦めて開

き直り、子どもがしたいことを一緒に楽しむことにしました。家の中で大泣きされるとイライラしてくるので、川沿いの遊歩道をお弁当もちで散歩しました。虫や実を集めたりしているうちに親のほうも結構楽しい時間を過ごせるようになり、子どもを自然にほめることができるようになりました。子どもも疲れるのか、よく寝てくれました。振り返れば「ことばを教えることに一生懸命で、子ども自身を否定していた」と反省しました。

伝えたいこと！ 乳児期から幼児期にかけて、いろいろなことができるようになり、「自分でやりたい」という自立心も芽生えてきます。思った通りにできなかったり、周囲から止められたりするとかんしゃくをおこす時期がありますが、自分でできることが増え、自分の気持ちを伝えられるようになってくると、しだいにかんしゃくをおこさなくなるそうです。しかし、ことばがなかなか出てこないと、このかんしゃくが続くことになり、親子共々つらい時期が続いてしまいます。ことばが出ないことにとらわれるのではなく、身のまわりのことなど、できることを一つずつ増やしていくことで本人も自信がつき、周囲も子どもを認めてくれるようになるといいます。まず子どものやる気を大切にすることも必要です。

ポイント2 自信をつける

- 保育園では思い通りにいかないとイライラし、ことばではうまく伝えられないため、友だちに噛みついて歯形がくっきりということがありました。でも、小学４年生で野球が好きになり、さまざまな年代の人と関わる機会ができて、今は落ちついています。「好きなものを見つけるってすごい！」と思いました。
- 何かにつけて「殺す！」というようになりました。小学校では「殺す！」

ということばに周囲がひるんで、どんどん「乱暴な子」になってしまいました。中学校に入り、体育の先生が部活に誘ってくれました。誘われたことが嬉しかったのか、「ウザイ」といいながらもバスケットボール部に入部しました。レギュラーになることができ、大会で勝ち進んだりして気のおけない仲間もできました。本人に聞いたところ、小学校の頃はひとりぼっちだったといいます。「殺す！」のことばの裏には、関わってほしいという気持ちがあったのだと思います。親も気持ちを受け止めてあげられず、申し訳なかったと思っています。

伝えたいこと！ 暴言・暴力という行動には周囲も感情的になってしまいますが、そのような行動には必ず理由があります。暴力や暴言の原因は、自分に自信がないからといわれています。やらなければならないことに対して自信がないため、暴言や暴力により、やらずにすませることを学んでしまった可能性もあります。失敗を叱るとさらに自信をなくし、やらなくてすむ方法を身につけてしまいます。できた・できないといった結果ではなく、がんばって取り組んでいることを評価してほめるようにしましょう。

COLUMN

コミュニケーションとことばの関係

乳児は泣いたり、声を出したりして、「自分」と「相手」という二者の間で気持ちを伝えています。この１対１の関係に加えて、外部の対象物（犬やおもちゃ、食べ物など）への認識ができるようになると、同じものを見て嬉しいと感じたり、触ると危ないと教えてもらったりといった複雑なコミュニケーションの土台がつくられていきます。散歩の途中で犬を見て興味を示し、犬を指さしながら、親のほうを見る。親が「ワンワン」といって、子どもは指さしした対象物が「ワンワン」だと覚えていきます。「相手」が対象物にどのようにかかわっているかを見て、その対象物がどういうものか学んでいきます。自分の生まれた社会のことを理解するはじめの一歩だそうです。「生後９～11か月くらいで指さし行動が見られるか」という確認は、まさにこの点の発達の様子をみていることになります。

「自分」「相手」「対象物」の関係が成立しにくい子どもにとって、自分のまわりにある物や人は、どんなものなのか理解できず、不安でいっぱいです。まずは子どもが興味を示していることに寄り添い、声をかけることで、子どもが理解できるものが周りに増え、その結果、不安を少なくすることにつながります。

第7章

身のまわりのことやお手伝いなど

食べる、着る、清潔に過ごすから少し広げて自分のものを片づけたり、そうじをすることも自立に向けての大事な一歩です。また、手伝いは、家族の一員としての仕事です。子どもはお手伝いをすることで、家事の方法や段取りを覚えていきます。そして、家族の一員として認められているという意識は、子どもを大きく成長させます。

お手伝いをしてくれていることに対して、本気でほめて感謝しましょう。いろいろなことに、自信をもって挑戦していくことにつながっていきます。

片づけ

もやもやエピソード

片づけが苦手です。遊んだ後のおもちゃの片づけ、食後の食器の片づけ、学校のプリント類の整理など、何か活動した後は片づけが必要なのにうまくできません。物の場所を決めて、使うたびに元の場所に戻すよう促していますが、結局、親が片づけることが多い状況です。

ここかな 1 片づけ方がわからない

- 小学校時代は、部屋が片づいていないため忘れ物が多いことが悩みの種でした。一度、時間をかけて一緒に片づけをしてみました。すっかりきれいになった部屋の状態はそのまま維持できたので、教えればできるのかもしれないと明るい希望をもちました。その後、自信ができたのか弟のおもちゃの片づけの手伝いもできるようになり、お兄ちゃんらしくなったことが嬉しく、たくさんほめました。毎日忙しくて時間のない中でしたが、親子で一つの作業をしたことは、今ではいい思い出です。

学んだこと！ 日常生活でのお手伝いとして、自分の物や家族の物を片づけ、お互いに気持ちよく過ごすということに取り組みました。心からほめることで、家族のために役立つことを実感していったようです。一緒に片づけ、イメージができるよう、促していくことも大切だと感じました。

ここかな 2 片づける場所がわからない

- 引っ越しをした時に、食器棚や引き出しにしまう物の名前をラベルに書いて貼りました。それからは、使った物はラベルを見て元に戻すようになり、食器の後片づけも手伝ってくれています。使った物を定位置に戻すことは、生活だけでなく、これから仕事の場面でも大切になると思います。時には失敗することもありますが、焦らず時間をかけて、習慣づけることをめざしてがんばっています。
- 公民館の子どもスペースのおもちゃの棚に片づけた状態の写真が貼ってありました。大きなケースの中も、それぞれのおもちゃの定位置がわかるようになっていました。家ではうるさくいわないと片づけないのに、写真を見ながら遊んだおもちゃを片づけているのを見て、どこにどうしまうのかわからなかったんだと思いました。さっそく、家のおもちゃスペースを撮影。自分のおもちゃ箱だけでなく、幼稚園のカバンや服を吊るしてあるハンガーや本棚の部分も撮影してプリントアウトして貼っておきました。とてもわかりやすいようです。

学んだこと！ 「片づけた状態」を目に見える形で示すと理解してくれることがわかり、片づけ以外のところでも使っています。絵を描くのは大変ですが、写真はすぐ撮れるし、定位置を変更しても撮り直したものを貼っておくと結構すんなり受け入れてくれます。

ここかな 3 片づける必要性を感じていない

- 使った後は何でもそのまま放りっぱなしだった息子。物には所定の場所があり、使ったら元に戻すということをわかってほしくて、洗い終わった食器を棚にしまうお手伝いを頼みました。まず、平皿一枚でいいと決め、片づけてくれたら感謝を伝えました。毎日繰り返して「ありがとう」「助かるわ」「お皿をきれいに重ねられているね」と感謝や認めることばをかけていると、こちらからお願いしなくても、片づけてくれる枚数や種類が増えていきました。しだいに、自分の使った物も決まった場所に戻すようになりました。「承認」は本当に大事だと思います。

伝えたいこと！ 毎日のお手伝いの中で取り組みやすいのは、「食事の準備と後片づけ」だそうです。準備は小さい時は遊びとして、年齢が高くなると家族の一員としての役割になり、物事の段取りを考えることにつながります。片づけは自分で考えて行動することや工夫することを覚えていくきっかけとなります。経験したことは、やがて、他のことにも広がりをみせていきます。

7-2 そうじ

もやもやエピソード

小学５年生ぐらいから「お風呂洗い」を頼みましたが、湯舟は見事にまだらにしか汚れを落とすことができませんでした。不器用で、むらなくみがくのはほとんど無理でした。完璧は求めていませんが、適当な状態で「そうじ、終わり」のまま続けていていいのだろうかと考えています。

ここかな 1 手順がわからない

- 口頭での指示では手順を覚えることが難しいので、わが家では「仕事の手順」がわかる手順書をつくりました。初回は手順を示しながら親がやって見せ、２回目は手順書を見ながら本人がやってみる、３回目からは本人だけでやるようにしました。うまくいかない時は本人に「どう書いてあればできそうか」聞いて、できるだけ本人のことばを使って書き直すことを繰り返しています。

  手順書を見てできる状態が続くと、そのうちに手順書を見なくてもできることが増えていき、自信につながっているようです。
- 子ども向けそうじ機を購入して以来、そうじ機がけは「ぼくの役割」という感覚があり、お願いすると快くやってくれます。最初はかけ残しや物を動かさずに目に見えるところだけといったかけ方でしたが、そうじ機がけを通して、物事は端から順番にこなしていくこと、終わったら片づけることなどを教えました。そして何より「ありがとう!!　助かった!! きれいになって気持ちいいわ」の感謝の声かけは、高校生になった今も少しおおげさにしています。

ポイント1 まず、好きなことから始めてみる

- 幼少期から水遊び・お風呂が好きだったので、お手伝いの一歩は、お風呂そうじにしました。低学年で桶を一つ洗うことから始めました。その後、時間をかけて、他の小物・湯舟・タイルと少しずつ範囲を広げて、中学生になる頃には、完璧とはいえませんが、ほぼ一人でできるようになりました。就活時の面接で「これまでしてきた手伝いを続ける中で工夫したこと」について質問されました。風呂そうじに関しては「最初は洗剤を多く使って泡をたてていましたが、少ない分量で洗えるようになりました。水も順序よく流しています。最初の頃より、短時間でできるようになったと思います」と答えたようです。自分の役割の一つとしてずっと本人に任せていましたが、考えながら取り組んでいたんだと思いました。

ポイント2 継続は力なり！ ほめることも忘れずに！

- 共働きなので、中学生の時に子どもたちと夫が手伝いの担当を決めました。部屋のそうじ機かけ、廊下、玄関のそうじが子どもの担当です。もともときれい好きなので、今も続いています。朝起きてそうじをしてから、朝食を食べるとからだがちゃんと目覚めるようです。今は社会人ですが、社員が当番でトイレや店のそうじをするそうで、子どもの頃からしていたことが役立っているようです。
- おばあちゃんに、「そうじはね、上からするものだよ」とそうじの仕方（順番）を教えてもらいました。はじめは気が向いた時だけでしたが、教え

てもらったとおりに棚から始めて、床までできるようになって、自信がついたようです。就職はそうじの仕事を希望しました。上司に「君は今時には珍しく、そうじが上手だね」とほめられたそうで、おばあちゃんに感謝しています。

伝えたいこと！ 家族以外の人のほめことばや励まし、「ありがとう」ということばかけは、子どもの心に響くものです。ほめられた時には、「よかったね」と一緒に喜ぶことも一層の励みになっていきます。

ポイント 3 できることを見つける

- 宿題が多いなど毎日忙しい中で、お手伝いをさせた時に精神的に追い込んでしまったのか、パニックを起こしてしまいました。お休みの日はぐったりして寝てばかり……必要なことだとは思っても、わが子には無理かと悩み、年齢に合わせるのではなく、小さなできることを探しました。相談の結果、"廊下の床のゴミを拾う"ことに変更しました。ゴミがない時もありますが、役に立っていることで、気持ちが安定してきたようです。

伝えたいこと！ そうじする場所は、トイレも含めた家の中の各空間や窓・玄関先や庭などの外回りとたくさんの場所があります。そうじの段階も、から拭き・そうじ機がけ・モップがけなどいろいろな工程に分けることができます。長く続けられそうな部分を取り出して、お手伝いとして頼むと、子どもに過度な負担をかけることもありません。また、忙しい時や体調の悪い時はどのようにするか、初めに話し合っておくと、変更することがあっても、気持ちが楽になると思います。

料理

もやもやエピソード

「ごはんは炊飯器が炊いてくれるから、子どもでもできる」と思っていましたが、違いました。娘に頼んでみると、お米をとぐ時に洗剤を入れようとするので、驚きました。

理由を聞くと、「お米を洗うというから、洗剤を入れて洗うのだと思っていた」そうです。小学5年生の時の話ですが、親の常識と子どもの常識の違いに驚きました。

ポイント 1 興味をもった時がチャンス！

- 興味をもった時に、後回しにせず教えようと決めていたので、幼稚園の頃から料理を始めました。まず、子どもサイズの包丁とまな板を用意。不器用なので、最初は横にいる親が本当に怖かったのですが、料理づくりを続けたら、簡単なものからできるようになりました。「この料理（うちの場合はチャーハン）は家族の中で一番上手だよね」など、みんなでほめました。今でもつくってくれたものは必ずほめるようにしています。

- 幼稚園でカレーを自分たちでつくったことから、料理に興味をもちました。誕生日に息子用の包丁をプレゼントしたら、とても喜んで、野菜を切るのをよく手伝ってくれるようになりました。

ポイント 2 楽しいことが長続きのコツ！

- クリスマスにケーキのデコレーションを子どもたちと一緒にしたことがきっかけで、小学校の間はよくお菓子づくりをしました。クッキーの生地づくりや型抜き、果物を入れたゼリーなど、とても楽しかったです。そのためか、子どもにとってキッチンは楽しい場所というイメージができました。
- 子どもも喜ぶので、卓上の流しそうめんや手巻き寿司をしています。最近は、つくって食卓に並べるところも手伝ってくれます。食事の時間が楽しみだとつくることにも興味が湧いてくるんですね。

ポイント 3 取り組みやすいメニューから始める

- 小学生の頃、夏休みや冬休みなどに本人が好きなメニューは手伝ってもらいました（肉炒めや麻婆豆腐、クッキー、ケーキのデコレーションなど）。最近は1人の留守番の時に素うどんをつくって食べています。食べたいものをつくるのが料理の基本だと思います。
- 最初は、炒め物は怖がったので、カレーやポトフなど、野菜を煮るだけという献立から始めました。
- 母が病気でごはんがつくれない時、自分で炊飯できれば何とかなると考えて、お米をといで炊飯器でごはんを炊くことを手伝ってもらいました。小学５年生ぐらいから一人でごはんを炊けるようになりました。私の具合が悪い時に、助かりました。

学んだこと！ 子どもに料理を教えるのは、そばについていないと心配で大変だと思っていましたが、料理道具も今は便利グッズがたくさんあり、子どもにも使いやすいので、重宝しています。

ポイント4 動画を見ながらつくる

- レシピを読むのが苦手な息子はスマホで動画を見ながら調理をしています。
- 料理は好きでつくろうとしますが、細かい加減がわからないらしく、何でも聞いてきます。「ひたひたってどのくらい？」「グツグツ煮こまないって、どこまで煮るの？」「サッとかき混ぜるって何回？」 答えるほうも難しく、つい「適当でいいんじゃない」と答えていましたが、動画を見てつくるとわかりやすいのか、聞いてこなくなりました。

伝えたいこと！ 読み書きが苦手なことでレシピ本にも抵抗がある子もいます。スマホやタブレットを利用して、料理に役立てることも一つの方法です。その理由は、①読まなくていい ②ページを開いてもつ必要がない ③手順がわかりやすいなどです。親子で一緒にレシピを見ながら料理することで、コミュニケーションにも役立つこともあります。

7-4 生き物の世話

もやもやエピソード

人とのコミュニケーションがうまくできないわが子ですが、生き物との触れ合いを通して情緒が安定したらいいなぁと思います。「生き物」相手だけに、途中で放り出してほしくありません。何のお世話ができるか検討中です。

植物の世話

落ち着きのない子でしたが、小学３年生頃に少し行動がおさまり、人の話を聞けるようになりました。植物が好きだったので、花の管理、水やりを夏休みの手伝いで担当してもらいました。「人がのどが渇くのと一緒で、水をあげなかったら枯れるよ。朝、水をやってね」と伝えました。

魚の世話

夏祭りの金魚すくいで残った金魚をもらいました。その世話を進んでしてくれました。水槽の水替えは大変でしたが、喜んでしてくれるので助かりました。幼稚園でも率先して水槽のそうじをしてほめられていました。

猫の世話

わが家は子どもが生まれる前から猫を飼っていたので、小動物に抵抗なく成長しました。猫は、よく毛玉を吐きますが、低学年までは特にそうじをすることもなく、家族に報告する程度でした。ある日、学校から帰ってきて、その毛玉を踏んだことがきっかけで、吐しゃ物を片づけてくれるようになりました。その時に、大げさなほど「ありがとう」とほめたことで、誰もいなかったら自分がやるという使命感が生まれたようで、自分の仕事になりました。今では、学校から帰宅すると、猫におやつをやってくれます。

犬の世話

- 動きの大きい犬がわが家にいた頃、これまた動きの大きい当時中学生の息子が足を踏んでしまい、犬の細い脚の骨が折れて通院したことがありました。本人もかわいがっていたので、家族から注意される以上にショックだったようです。

  息子が20代後半になった現在、保護団体から子猫を引き取り育てることにしました。犬と違いドタバタ歩くだけでどこかに隠れてしまう子猫。怖がられないようにと、巨体をできる限り静かに移動させ、なでたい時にはそ〜っと近づき、手のにおいを嗅がせ、下から手をもっていき、あごからなでる……など工夫し、今までどんなに注意しても変わらなかった足音の大きい歩き方も、子猫かわいさに少し変わってきたように思います。

- 小学4年生の時、子どもが捨て犬を拾ってきたので、世話をするという約束で飼うことにしました。学校でいやなことがあった時は、犬小屋に一緒に入ったり、犬を抱いていることで心が落ち着いていたような気がします。犬の扱いは少し乱暴でしたが、毎日の散歩など、世話をするので息子になついていました。年老いて死んだ時もペットの葬儀屋さんで一緒に見送りました。約束通り、最期まで世話をすることができました。

鳥の世話

小学校の学年が上がるにつれて勉強についていくのがしんどくなり、息子が寂しげな表情を見せるようになりました。

動物好きなので、少しでも気分が和らいだらと、中学1年生の時に小鳥を飼うことにしました。本人がジュウシマツを希望し、飼い主として購入確認書に息子がサインをしました。普段の世話は祖父がかって出てくれたので、休日の世話とたまに鳥かごを洗う役目を担いました。ヒナから育て、手乗りとなった鳥と嬉しそうに遊ぶ姿を見ると、その時は私もホッとしたものでした。飼い主を息子としたので、自覚をもって嫌な顔一つせず汚れた鳥かごを洗っていました。小さなことでも責任をもつと、生きていく上で、力になると思いました。

7-5 はじめるコツ、続けるコツ

もやもやエピソード

手伝いは、自分から気づいてしてほしいと思っていますが、「新聞をとってきて」「玄関が汚いなぁ」といって、息子に行動を促している状況です。気配りをできるようになるには、まだまだ時間がかかりそうです。

ポイント 1 きっかけを大切にする

- 小学生の時、夏休みの宿題にお手伝いがあったのをきっかけに、洗たく物たたみと布団敷きに取り組み始めました。毎日ではありませんが、今も続いています。最初に何度か一緒にやれば、ていねいにやることにこだわるので、母親よりもきれいにできるようになります。

  日曜日は、洗たく物干しと、父親と一緒に空き缶やペットボトルをまとめて集積所にもって行き、買い物の手伝いもします。最近は、お風呂に一番に入りたくて湯舟を洗っ

てお湯をはるようになり助かっています。やる気がなさそうな時は無理強いしませんが、「一緒にやる？」と声をかけるとしてくれることが多いです。

- 小学校の夏休みの課題として、簡単にできそうな洗たく物を取り込むことを頼みました。夏休みだけで終わってしまうかなあと思っていましたが、ある日、急に土砂降りの雨が降り、出先から「洗たく物を入れてね！」と電話で頼んだら、きちんと取り込んでいました。「家にいてくれて助かったよ！　お手伝いありがとう！」と何度も感謝したら、翌日から、晴れていても洗たく物を取り込んでくれるようになりました。
- 私がパートで働き始めたことを機に、小学４年生の頃から毎日洗たく物の取り込みとたたみをしています。家族全員分の布団の上げ下ろしも毎日しています。体調不良の時はやらなくていいと伝えています。

ポイント２　家族以外のことばかけ

- 三者面談の時に、担任の先生に「上履きを毎週もって帰るけど、自分では洗わないんですよ！」と報告したら、「先生は〇〇くんの年齢には、自分で洗っていたよ～」と本人にいってくれ、それからは自分で洗うようになりました。仲の良いおとなから指摘されると、意外と受け入れやすいようです。

ポイント３　達成感を大切にする

- 料理や洗たく機の使い方、お風呂のそうじなどの手順書をつくりました。小学校入学前後より、麦茶をわかす、洗たく、炊飯器でごはんを炊く、コーヒーメーカーでコーヒーを淹れる、書道道具を洗うなどの手順を身につけました。手助けは徐々に減らして、手順書を見ながら一人でできるようにしました。小学校高学年の頃には、できた後はほめるのではなくて「ありがとう。助かったわ～」と感謝のことばを伝えていました。

学んだこと！ ほめ方を年齢とともに変えることで、子どもの達成感と自信につながり、成人してからの生活に大いに役立っているようです。

ポイント4 お手伝いと励み（おこづかい）

- おこづかいがほしいといった時に、継続的なお金は何か仕事の対価としてもらうべきだという話をして（親の仕事などを例にして）、お風呂とトイレのそうじを父親が教え、毎週取り組んでいます。ときどき雑になったりはしますが、毎回感謝のことばを伝え、ダメ出しはたまにしています。
- お手伝いのおだちん10円を入れるための「壁かけ収納カレンダーポケット」を用意しました。そして、おだちんの10円をカレンダーポケットに入れて、10枚貯まったら100円と交換することにしました。子どもは目標のお金が貯まったらお菓子を買いに行けるので、お手伝いを続けるモチベーションにもなりました。

伝えたいこと！ わが家では、おこづかいにつながるお手伝いを決めています。それ以外に、家族で分担しあうお手伝いもしてくれます。お金だけが目的にならないように、子どもとよく話し合って、わが家のお手伝いルールをつくることが大切と感じています。

自尊心

マザーテレサの言葉です。

最悪の病気と最悪の苦しみは、必要とされないこと、愛されないこと、大切にされないこと、すべての人に拒絶されること、自分が誰でもなくなってしまうことだと、より深く思い知るようになりました。

I have come to realize more and more that the greatest disease and the greatest suffering is to be unwanted, unloved, uncared for, to be shunned by everybody, to be just nobody [to no one].

最もひどい貧困は孤独であり、愛されていないという感情なのです。

The most terrible poverty is loneliness, and the feeling of being unloved.

Mother Teresa

自尊心は、「自分を大切だと思える気持ち」です。人はみな、自尊心をもっています。自尊心が低いと、自分はいなくてもいい存在だと思い、自分のこころを傷つけて精神的に不安定になってしまいます。自分を大切だと思えないと、自分の可能性を信じられなくなり、人生に希望を見いだせず、あきらめてしまいます。

ありがとうと感謝されると、「自分は役に立っている」「自分は必要とされている」と感じ、自尊心が高まります。

NPO法人 全国LD親の会

特定非営利活動法人 全国ＬＤ親の会　事務局
〒151-0053 東京都渋谷区代々木2-26-5 バロール代々木415
電話/FAX ：03-6276-8985
ｳｪﾌﾞｻｲﾄ● http://www.jpald.net/
E-MAIL ● jimukyoku@jpald.net

● 全国ＬＤ親の会とは

全国ＬＤ親の会は、ＬＤ（学習障害）など発達障害のある子どもを持つ保護者の会の全国組織です。1990年2月に活動をはじめ、2008年10月にＮＰＯ法人全国ＬＤ親の会として、新たなスタートを切りました。

● 活動目的

ＬＤなどの発達障害のある人の人権が守られ、生き生きと暮らすことのできる社会の実現を求めて活動しています。

● 主な活動

ＬＤなどの発達障害に関する教育・福祉・医療・労働などの問題について、関係機関・関係団体と交流・連携しながら、研究・調査、社会的理解の向上、諸制度の創設・改善を働きかけるなどの活動に取り組んでいます。

機関誌「かけはし」の発行やブロック活動などにより各地の「親の会」との情報交換をしています。また、一般社団法人日本発達障害ネットワークなどへの加盟、文部科学省の特別支援教育ネットワーク推進委員会への参加などを通じ、外部団体との交流・連携を図っています。

● 各地のＬＤ親の会では

キャンプ、クリスマス会、算数教室などの遊びや勉強会を企画し、子どもたちの友だちづくりや社会性のトレーニング等の活動をしています。そして、親の活動としては有識者の講演会、子育て報告会、学校・職場見学会などの勉強会等をおこなっています。

また、県・市町村の教育委員会などへの働きかけや、福祉関係団体・企業などに対して、ＬＤなどの発達障害への理解を高める啓発活動などをおこなっています。

各地の親の会に参加するには？

ＬＤなどの発達障害のある子どもの保護者を正会員としています。ＬＤなどの発達障害のある子どもたちが、生き生きとした学校生活を過ごし、自立した社会生活を送れるような社会の実現をめざし、積極的に活動いただける方であれば、どなたでも参加できます。

詳細は、各地のＬＤ親の会に直接お問い合わせください。

(各地の親の会の連絡先は、全国ＬＤ親の会のHPに掲載しています)

会員募集

―― 正会員団体、準会員団体の募集 ――

ＬＤなどの発達障害関係の親の会で、全国ＬＤ親の会に加盟し一緒に活動することを希望する団体を募集しています。詳細は、事務局にお問い合わせ下さい。

―― 個人準会員、賛助会員の募集 ――

全国ＬＤ親の会の正会員団体がない県にお住まいの、ＬＤなどの発達障害のある子どもの保護者で、全国ＬＤ親の会の目的に賛同し、将来地元でＬＤなどの発達障害の親の会の設立や参加を希望する方を「個人準会員」として募集しています。同県の中で複数の方の登録があれば、連絡を取り合えるような仕組みをつくり、その地域でＬＤなどの発達障害の親の会の設立をめざします。

また、全国ＬＤ親の会の活動を支えて下さる賛助会員(個人・団体)も募集しています。詳細は、事務局にお問い合わせください。

―― 親の会の設立支援 ――

全国ＬＤ親の会は、親の会の設立や運営を支援します。ＬＤなどの発達障害関係の親の会の設立を考えておられる方は、事務局にお問い合わせください。

プロフィール

NPO法人　全国LD親の会

全国LD親の会は、LD（学習障害）など発達障害のある子どもを持つ保護者の会の全国組織。1990年2月に活動をはじめ、発達障害への理解を進める活動や支援や制度の充実を求める活動をしている。全国LD親の会に加盟している各地の親の会は、子どもたちの友だちづくりや社会性のトレーニングのために、あそびや勉強会を企画したり、講演会や学校・職場見学会などの勉強会、会員どうしの相談会をおこなったりしている。

安住ゆう子

東京学芸大学大学院修士課程 学校教育専攻発達心理学講座修了。
NPO法人フトゥーロ ＬＤ発達相談センターかながわ所長。公認心理師、特別支援教育士ＳＶ。「あそびっくす！　まなびっくす！」かもがわ出版　など、著書多数。

［編集委員］（50音順）

粟野健一・井上育世・河毛由喜子・小林亜希子・多久島睦美・新堀和子

発達が気になる子の
子育てモヤモヤ解消ヒントブック
生活の基礎づくり編

2021年8月18日　第1刷発行

編　者／ⒸNPO法人全国LD親の会
監　修／安住ゆう子
発行者／竹村正治
発行所／株式会社 かもがわ出版
〒602-8119 京都市上京区堀川通出水西入
☎075(432)2868 FAX 075(432)2869
振替 01010-5-12436

- カバーイラスト　すがわらけいこ
- 本文イラスト　田中陽子
- カバー・本文デザイン　菅田 亮

印　刷／シナノ書籍印刷株式会社

ISBN978-4-7803-1169-3 C0037　Printed in Japan